북한 현대사 산책
5

# 북한 현대사 산책

# 5

## 김정은과 북핵 위기

•

안문석 지음

인물과
사상사

북한의 2000년대는 화려하게 시작되었다. 김정일 국방위원장이 남
북정상회담으로 은둔의 세계에서 탈출했다. 그 자신도 그렇게 말했다.
분단 이후 첫 남북정상회담은 김정일을 은둔에서 벗어나게 했을 뿐만
아니라 중요한 합의도 이끌어냈다. 남과 북이 이야기하는 통일 방안이
유사한 점이 있음을 확인하고 그 방향에서 통일 논의를 해나가기로 한
것이다. 남북이, 그것도 남북의 정상이 통일 방안을 놓고 진지하게 논
의한 것은 처음이고, 합의도 처음이다. 그렇게 희망 속에서 2000년대
는 시작되었다.

이후 남북 관계는 진전되었다. 남북이 서로 문을 열고 교류를 확대했
다. 그런 환경이어서 북한과 미국의 관계도 좋아졌다. 김정일의 특사
조명록이 미국 백악관을 방문하고 미국의 국무부 장관이 김정일을 만

났다. 북미정상회담도 열리기 직전이었다. 하지만 시간이 부족했다. 빌 클린턴 대통령의 임기 종료가 다가오고 있었다. 대선 정국에 미국의 공화당 세력은 북미정상회담을 만류했다. 결국 성사되지 못했다. 아쉽기 이를 데 없다. 부질없는 것이 역사적 가정이지만, 그때 북미정상회담이 이루어지고 북미 수교가 이루어졌더라면 지금의 북핵 문제도 없을 것이고 한반도 상황은 많이 달라졌을 것이다.

하지만 그와는 반대로 흘렀다. 북한은 새로 들어선 조지 부시 행정부와 갈등했고, 이는 제2차 북핵 위기로 이어졌다. 기존의 합의는 휴지가 되어버렸고, 한반도는 긴장 속으로 들어가버렸다. 그때의 북핵 위기는 여전히 남북한을 무겁게 짓누르고 있다.

그런 와중에도 2000년대 초 북한은 변화를 추구했다. 2002년 7·1 경제관리개선조치로 시장 요소를 도입하고, 인센티브를 강화했다. 시장도 합법화했다. 실리사회주의를 추구한 것이다. 내각 총리도 온건파 박봉주를 기용했다. 하지만 개혁 드라이브가 걸리지는 못했다. 시장의 확대에 따라 자본주의 풍조에 대한 우려가 군부 강경파 사이에서 나왔고, 시장에 대한 규제로 이어졌다. 박봉주도 지방으로 좌천되는 처지를 면치 못했다. 비효율적인 사회주의 경제 시스템을 근본적으로 수정한 게 아니라 반대로 통제를 강화하는 쪽이었다. 역사 속에서 자주 관찰되는 북한의 한계, '근본 개혁의 부재'가 반복된 것이다.

경제 상황의 정체와 북핵 문제를 둘러싼 미국의 압박에 대한 북한의 대응책은 폭력적이었다. 2005년 2월 핵 보유를 선언하고 미국과 협상

**6**

을 진전시키기도 했다. 2005년 9월에는 9 · 19 공동성명에 합의해 북한이 핵을 포기하고 미국이 경제제재 해제와 경제적 지원을 약속하기도 했다. 하지만 미국의 방코델타아시아Banco Delta Asia를 통한 금융 제재로 합의 이행은 교착 상태에 빠졌다. 북한의 카드는 핵실험이었다. 2006년 10월의 일이다. 다시 북미 협상과 6자회담이 재개되어 합의 이행에 들어갔지만, 벽에 부딪혔다. 핵시설에 대한 북한의 신고를 검증하는 방안을 놓고 미국과 맞섰다. 미국은 시료 채취를 해야 한다고 했고, 북한은 거부했다. 그러다가 2008년 12월을 마지막으로 6자회담은 중단되었다.

북한은 2009년 5월, 2013년 2월, 2016년 1월, 2016년 9월에 핵실험을 감행했다. 소형화, 경량화, 다종화 작업도 계속했다. 핵탄두에 실을 수 있는 단계에 접근할 정도로 기술을 고도화했다. 중거리 미사일 시험 발사에 성공했고, 잠수함발사탄도미사일SLBM 시험 발사에도 성공했다. 국제사회의 제재는 강화되었다. 대화의 창구를 열지 못하고 대결의 길로 가고 있었다. 그러면서 한반도의 긴장은 지속되었다.

내부적으로는 2008년 8월 김정일의 뇌졸중 이후 김정일의 3남 김정은이 후계자로 내정되었고, 2009년 1월 후계자로 확정되었다. 2010년 9월 제3차 당대표자회를 통해 후계자로 공식화했다. 2011년 12월 김정일의 사망 이후 김정은은 군 최고사령관에 취임하고, 2012년 4월 제4차 당대표자회에서 조선노동당 제1비서가 되어 당의 최고 수위에 올랐다. 국방위원회 제1위원장에도 추대되었다. 2016년 5월에는 36년 만에 당대회를 열어 김정은이 당위원장에 올랐다. 얼마 후 국방위원회 대신 국무위원회를 신설해 위원장에도 취임했다. 과도적 성격의 직제를 벗고 완성 체제의 당·정·군의 최고 수위를 차지한 것이다.

이렇게 순차적으로 자기 권력을 공고화하는 과정을 겪었지만, 김정은이 실제 북한의 당과 군을 장악하는 과정에서는 상당한 진통도 있었다. 2013년 말 장성택의 처형은 이를 웅변적으로 보여주었다. 자신의 후견인 역할을 했던 장성택을 처벌이 아니라 처형까지 해야 하는 상황은 북한 권부 내의 복잡한 사정을 상징적으로 드러내준다. 조선인민군 총참모장과 인민무력부장의 지나치게 잦은 교체도 긴장을 통한 군부 통제의 필요성을 말해준다. 제7차 당대회 이후 김정은 정권이 좀더 안정된 체계를 보이고 있지만, 그것이 완전한 것인지는 아직 알기 어렵다.

다른 측면으로 보면, 2013년 박봉주의 총리 재취임 이후 그에게 경제에 관한 한 상당한 힘이 실리는 모습도 보이고 있다. 특히 그는 경제 현장에 대한 시찰도 자주 하고, 이것이 북한의 매체에도 실리면서 인민 생활 향상을 어느 정도 책임지는 모습이다. 김정일 시대에는 없었던 모습이다. 총리가 현지 지도하는 모습을 보기 어려웠다. 더욱이 그는 제7차 당대회에서 당의 최고위급인 정치국 상무위원에 오르고, 국무위원회 부위원장도 맡아 당과 국가기구에서 힘을 갖게 되었다. 이는 북한이 경제 건설과 인민 생활 향상에 주력하고 있음을 이야기해준다.

북한이 주요 노선으로 내세우는 핵·경제 병진 노선도 핵무기로 국방력을 확보한 이후 재래식 무기에 대한 투자를 줄여 경제 건설에 투입하겠다는 것이다. 북한은 이것을 경제 건설의 방안으로 생각했다. 그런데 문제는 국제적 경제제재라는 변수를 고려하지 않았다는 것이다. 핵을 가지고서는 국제적 경제제재에 직면할 수밖에 없어 경제 건설이 결정적으로 방해받을 수 있음을 생각하지 못했다. '우리식으로'만을 강조했을 뿐, 눈을 들어 멀리 보지 못한 것이다.

2016년에 북한이 부쩍 강조하는 '자강력 제일주의'라는 것도 유사한 성격을 갖고 있다. 남에게 기대지 않고 자신의 능력을 최고의 가치로 여긴다는 것이다. 김정은이 생산 현장에서 이를 지속적으로 강조했다. 1960년대의 자력갱생과 같은 모토다. 자력갱생은 주민의 노력 동원에 이용되었고, 외부와의 교류를 방해했다. '자강력 제일주의'도 같은 방향으로 흐를 가능성이 농후하다. 김일성을 따라 하는 것이 좋은 것만은 아닐 텐데, 김정은은 이마저도 할아버지를 따르려고 하고 있다. 경제는 시장의 수용과 완전한 개혁, 대외 정책은 개방과 대화가 북한이 사는 길임이 명약관화한데, 김정은은 그 길로 나서지 않는다. 변화의 기회를 찾을 수 있을지 예의 관찰해볼 일이다.

2016년 12월
전북대학교 작은 연구실에서
안문석

# 차 례

## 제9장　김정은 시대 선포 : 2016년

# 2000~2001년

**제1장**

×××

# 남북정상회담

## 17년 만의 중국 방문

2000년 3월 5일 김정일은 평양 주재 중국 대사관을 방문했다. 대사관 측과 만찬을 하며 자정까지 머물렀다. 이때 김정일은 평양 주재 중국 대사를 통해 남북정상회담을 타진 중이라고 중국에 알렸다. 남북은 2000년 초부터 남북정상회담 문제를 논의하고 있었고, 3월 17일에는 북한의 아시아태평양평화위원회 부위원장 송호경과 남한의 문화관광부 장관 박지원이 특사 자격으로 접촉을 시작했다. 김정일이 남한과 접촉하기 전에 중국에 통보한 것이다. 그리고 방중 의사도 피력했다.

그렇게 해서 김정일은 5월 29일 3일간의 방중길에 올랐다. 1983년 후계자 신분으로 비공식 방문한 이래 17년 만이었다. 그의 방중 목적은 3가지였다. 첫째는 남북정상회담을 중국 국가주석 장쩌민江澤民에게 직접 알리고 설명하는 것이었다. 북한과 중국 사이에는 중대 사안에 대해

서로 비밀방문을 통해 사전통보하는 전통이 있었다. 중국도 1992년 남한과의 수교 이전에 국가주석 양상쿤楊尙昆을 평양에 파견해 설명해주었다. 그런 전통을 지켜주려는 것이었다. 실제로 김정일은 남북정상회담을 설명했고, 이에 대해 장쩌민은 남북이 관계를 개선하는 것을 희망하며 남북정상회담을 환영하고 지지한다고 밝혔다.

둘째는 중국의 발전상을 확인하는 것이었다. 이를 위해 김정일은 베이징의 실리콘밸리인 중관춘中關村을 방문해 자세히 살폈다. 중국 최대의 컴퓨터 제조업체 렌상聯想그룹도 방문했다. 그러고는 장쩌민에게 "중국은 개혁개방으로 국력이 증대되었다. 덩샤오핑의 노선이 옳았다"고 말하기도 했다.[1] 장쩌민은 경제개혁을 적극적으로 추진할 것, 외국 자본을 받아들일 것, 경제특구와 같은 시스템을 도입할 것 등을 권유했다고 한다.

셋째는 중국의 경제적 지원을 얻는 것이었다. 김정일은 실제로 중국 방문을 통해 경제 등 여러 방면의 지원을 약속받았다. 제10차 5개년 경제계획(2001~2005)에 필요한 경제 원조를 약속받은 것이다.

1992년 중국과 남한의 수교로 북중 관계는 소원해졌다. 1994년 김일성 사망으로 혁명 1세대의 직접 교류에 의한 긴밀한 관계도 약화되었다. 이후 북한이 경제적으로 어려움을 겪는 국면에서 중국의 경제적 도움이 지속되면서 관계는 조금씩 회복되었다. 1999년에는 최고인민회의 상임위원장 김영남이 내각 총리 홍성남을 비롯한 주요 인사들과 함께 중국을 방문했다. 1992년 양상쿤의 방북 이후 양국 정상급 지도자의 상호 교류가 끊겼는데, 이를 복원한 것이다. 이때 이미 장쩌민은

2000년 5월 29일 김정일의 중국 방문은 그가 후계자 신분으로 방문한 이래 17년 만의 일이다. 이때 김정일은 장쩌민에게 남북정상회담을 사전에 통보했다.

김영남 일행에게 남북 관계 개선과 미국·일본과의 관계 개선을 권고했다.[2]

이렇게 북중 관계는 2000년 김정일의 방중으로 전통적인 혈맹 관계를 회복하는 모습을 보였다. 10월 22일에는 중국공산당 중앙군사위원회 부주석 츠하오텐遲浩田을 단장으로 하는 중국 고위 군사대표단이 방북했다. 6·25 전쟁 참전 50주년을 맞아 군의 고위인사들이 평양을 방문한 것이다. 특히 북한과 중국은 서로 군사적 원조를 주고받은 역사 때문에 양측의 관계가 원만할 때는 군부의 관계가 긴밀했는데, 군사적 교류가 과거와 같은 긴밀한 관계로 회복되어가는 모습을 보였다. 2001년

1월에는 김정일이 다시 중국을 방문했다. 상하이 푸둥浦東지구를 관찰한 뒤에는 '천지가 개벽했다'는 반응을 보이기도 했다.

북한은 러시아와의 관계 강화에도 관심을 기울였다. 2001년 7월 김정일은 열차로 블라디보스토크, 하바롭스크, 이르쿠츠크, 노보시비르스크를 거쳐 모스크바를 방문했다. 당시 방러는 2000년 7월 블라디미르 푸틴Vladimir Putin 러시아 대통령의 방북에 대한 답방 성격을 지닌 것이었다. 김정일은 푸틴과 정상회담을 갖고 8개항의 공동선언문을 채택했다. 북한의 미사일 개발 권리를 인정하고, 시베리아횡단철도TSR와 한반도종단철도TKR 연결 사업에 대한 내용을 포함하고 있었다. 김정일은 이 공동선언문을 통해 그동안 남한 측에 치우쳤던 러시아의 대對한반도 정책을 북한과의 관계에 더 관심을 두는 방향으로 수정하려고 했다. 실제로 북러 관계는 이전보다 긴밀해지는 양상을 보였다.

## 남북정상회담

분단 이후 남북정상회담은 여러 차례 추진되었다. 전두환·노태우 대통령은 밀사를 북한에 보내 남북정상회담을 적극 추진했다. 김일성-김영삼 남북정상회담은 날짜까지 정해졌지만, 김일성의 사망으로 성사되지 못했다. 김대중 정부 출범 이후에는 역대 어느 정부보다 적극적으로 남북정상회담이 추진되었다. 역시 밀사를 통해서였다. 김대중 정부는 북한과 대북 사업을 활발하게 진행하고 있던 현대그룹에 남북정상회담 주선을 요청했고, 현대그룹은 일본의 북한통 요시다 다케시吉田猛을 밀사로 활용했다.

요시다 다케시는 북한 출신으로 일본에 귀화한 아버지의 영향으로 대북 사업을 오랫동안 해온 인물이었다. 아버지가 김일성과 가까이 지내 북한 고위층과 네트워크를 형성하고 있었다. 1990년 가네마루 신金丸信의 방북, 1989년과 1998년 정주영의 방북도 그가 성사시켰다.

요시다 다케시는 2000년 초부터 북한을 방문해 남북정상회담을 타진했다. 그 결과 특사들이 접촉할 수 있게 되었다. 북한에서는 아시아태평양평화위원회 부위원장 송호경이 김정일의 특사가 되었다. 남한에서는 문화관광부 장관 박지원이 특사가 되었다. 당시 북한은 국가정보원에 대한 불신을 갖고 있었다. 정상회담이 성사되다가도 국가정보원이 반대해 무산된 경우가 많았기 때문이다. 정보기관 내의 수구 세력들은 과거 실제로 중요한 국면에서 정상회담을 방해했다. 북한과의 대결·긴장 국면을 유지하는 것이 자신들의 입지 확보에 도움이 된다는 생각 때문이었다. 그런 전력 때문에 북한은 국가정보원을 믿지 않았다. 그래서 남한의 특사는 국가정보원장이 아니라 대통령의 신임을 받던 박지원이 되었다.

송호경과 박지원은 2000년 3월에 첫 접촉을 가진 후 상하이와 베이징 등에서 계속 협의를 이어갔다. 북한은 철도, 도로, 항만, 통신망 등 사회간접자본과 농업 구조 개혁을 위한 대규모 투자가 필요한 실정이었다. 현대그룹과의 경제 협력을 지속적으로 추진하기 위해서도 남한 정부의 적극적인 협력이 필요했다. 전력난 해결은 특히 시급한 상황이어서 미국을 통해 100만 킬로와트의 전력 공급을 남한에 요청하기도 했다. 그만큼 북한은 남북정상회담이 절실했다. 물론 남한 정부는 남북정상회담을 통해 햇볕정책을 활력 있게 진행하고 이산가족상봉 등 인도적인 문제를 우선적으로 해결하려는 의도를 갖고 있었다. 그래서 남북정상회담을 추진한 것이다.

한 달 간의 특사 접촉을 통해 남북정상회담은 합의되었다. 2000년 6월 12~14일 평양에서 회담을 하기로 한 것이다. 나중에 북한의 요구로 하루 연기되긴 했지만, 분단 이후 첫 남북정상회담은 그렇게 성사되었다. 남북이 스스로 협상해서 남북정상회담을 합의해낸 것은 분단의 역사에서 매우 큰 의미를 갖는 것이다. 무엇보다도 그동안 존재하지 않거나 극히 협소했던 외교적 자주성과 자율적 공간을 확보했다는 데 큰 의의가 있었다.[3]

남북의 분단이 주변 강대국에 의해 이루어졌고, 이후 한반도 문제도 주변국의 영향을 많이 받아왔다. 냉전이 심화될 때는 남북의 긴장이 심해졌고, 데탕트의 환경에서는 남북 대화가 이루어지기도 했다. 남북의 지도자가 인식하든 그렇지 않든 남북한의 자율적 외교 공간은 좁아져 있었다. 남북정상회담 합의는 이러한 비자율적 외교 습성을 탈피하는 것이었다. 남북이 만나서 논의하면 한반도 문제를 스스로 해결해갈 수 있음을 보여주었다.

이렇게 남북한이 외교적 자율성을 보이며 남북정상회담을 합의해내자 미국은 상당히 당황했다. 공식적으로는 '남북정상회담을 환영하며 지지한다'고 하면서도 남북이 주한미군 철수와 평화협정 체결 등의 문제를 미국과 상의 없이 합의해버리는 것이 아닌지 우려했다.⁴ 대북정책 조정관 웬디 셔먼Wendy Sherman을 서울로 파견해 상황 파악에 나섰다. 셔먼을 만난 김대중 대통령은 주한미군은 통일 이후에도 주둔하면서 동북아시아의 안정자·균형자로서 역할을 계속해야 한다고 강조했다. 남북정상회담에서 미국이 우려하는 핵과 미사일 문제도 언급할 것임도 설명해주었다. 하지만 남한이 미국의 도움 없이 한반도 문제를 풀어가고 북한과 화해의 단계로 나아가는 상황을 맞으면서 미국이 염려와 의구심을 떨치기는 쉽지 않았을 것으로 보인다.

## 6·15 남북공동선언

2000년 6월 13일, 평양은 아주 맑게 갠 청명한 날씨였다. 순안공항의 주기장駐機場에는 레드카펫이 깔렸고, 그 옆에는 조선인민군 의장대와 군악대가 줄지어 서 있었다. 10시 30분, 남한의 공군 1호기가 공항에 내려 카펫 바로 앞에 섰다. 그러자 수행원을 대동한 김정일 국방위원장이 카펫 앞쪽에 나타났다. 비행기에서 내리는 김대중 대통령을 맞았다. 둘은 손을 맞잡았다. 남북한의 정상이 처음으로 만나는 장면이었다.

두 정상은 조선인민군 의장대의 분열分列을 받으며 걸었다. 북한 고위 인사들이 김대중 대통령에게 인사를 했다. 최고인민회의 상임위원장 김영남, 조선인민군 총정치국장 조명록, 최고인민회의 의장 최태복, 당 간부 담당 비서 김국태, 당 대남 담당 비서 김용순, 외교부 제1부부장

2000년 6월 13일, 평양 순항공항에서 김정일 국방위원장과 김대중 대통령이 손을 맞잡았다. 남북한 정상이 처음으로 만나는 장면이었다.

강석주, 당 통일전선부 부부장 림동옥, 조국평화통일위원회 서기국장 안경호, 아시아태평양평화위원회 부위원장 송호경 등이었다. 국가정보 원장 임동원을 비롯한 남한의 수행원들도 김정일에게 인사를 했다. 두 정상은 승용차에 함께 타고 평양 시내로 향했다. 거리에는 50만 명의 주민이 나와 "만세"를 외치며 환영했다.

김대중 대통령은 백화원 영빈관에 여장을 풀었다. 금수산기념궁전에 서 얼마 떨어지지 않은 곳에 있는 최고급 영빈관이었다. 수행원들은 주 암산 초대소, 기자단은 고려호텔에 머물게 되었다. 두 정상은 간단히 환담했다. 김정일이 평양에 온 것을 환영하고 김대중은 감사를 표했다.

제1장 **남북정상회담**

다음 날 북한에서는 명목상 국가원수인 김영남이 김대중과 회담했다. 주요 문제를 협의해서 결정하는 자리는 아니었다. 김영남은 국가보안법 폐지와 통일 활동 자유보장 등을 이야기했다. 김대중은 7·4 남북공동성명과 남북기본합의서, 한반도비핵화공동선언 등 남북 간 주요 합의의 실질적 실행의 중요성을 강조했다.

김정일이 김대중과 남북정상회담을 시작한 것은 그날 오후 3시부터였다. 백화원 영빈관 회의실에서였다. 김정일 곁에는 김용순이 앉았다. 김대중의 양옆에는 임동원과 외교안보수석 황원탁, 경제수석비서관 이기호가 자리를 잡았다. 가벼운 환담부터 시작했다.

"구라파 사람들이 자꾸 나보고 은둔생활을 한다고 하고 이번에 은둔생활하던 사람이 처음 나타났다고 그러는데, 저는 과거에 중국에도 갔댔고 인도네시아에도 갔댔고 비공개로 외국엘 많이 갔댔어요. 그런데 이번에 김 대통령이 오셔서 제가 은둔에서 해방됐다는 거예요. 뭐, 그런 말 들어도 좋습니다. 하여튼 모르게 갔댔으니까."[5]

김정일의 솔직하고 거침없는 말에 김대중은 '평양 음식 맛이 참 좋습니다' 하면서 가볍게 호응해주기도 했다. 본격 회담이 시작되자 김대중이 먼저 30분 정도 길게 설명했다. 화해와 통일, 긴장 완화와 평화, 교류 협력, 이산가족 등 4개 의제를 모두 이야기했다. 김정일도 북한의 처지를 설명했다. 김정일은 합의 사항을 문건화하는 것에는 관심이 없었다. 문건화하려면 선언적인 내용만 넣고 나머지는 장관급 회담에 위임하자고 했다. 하지만 김대중은 당면 실천 과제를 구체적으로 합의해 문건화하자고 했다. 협의 끝에 합의의 주요 부분을 문건화하기로 하는 선에서 정리했다.

　남한에서 북한에 대해 '주적主敵', '괴뢰' 등의 표현을 쓰는 것에 대해 김정일이 문제를 삼으면서 한때 긴장 분위기가 조성되기도 했다. 통일 문제에 대한 논의에 들어갔을 때는 이야기가 길어졌다. 김정일은 '연방제 통일을 지향하되 낮은 단계의 연방제부터 하는 것'으로 합의하자고 했다. 이에 대해 김대중은 '2체제 연방제'는 수용할 수 없다며, '2체제 2정부' 형태의 '남북연합제'로 가야 한다고 주장했다. 김정일은 '연합제'가 '낮은 단계의 연방제'와 같은 것이라고 했다. 임동원이 연합제는 연방정부가 없는 것이고, 연방제는 연방정부가 구성되어 외교권과 군사권을 행사하는 형태라고 설명했다.

　그러자 김정일은 '낮은 단계의 연방제'는 군사권과 외교권을 남북 두 정부가 각각 보유하는 것이라고 설명했다. 결국 용어만 연방제였지 연합제를 이야기하는 것이었다. 오랜 논의 끝에 두 정상은 "남과 북은 나라의 통일을 위한 남측의 연합제 안과 북측의 낮은 단계의 연방제 안이 서로 공통성이 있다고 인정하고 앞으로 이 방향에서 통일을 지향시켜 나가기로 하였다"로 하기로 합의했다. 남북이 통일 방안을 놓고 구체적으로 협의해서 관련 합의를 만들어낸 것은 처음이었다.

　경제협력과 관련해서 김대중은 경의선 철도 연결과 산업공단 건설 등이 조속히 이루어져야 한다고 강조했다. 김정일은 현대그룹과의 합의에 따라 하면 된다는 생각으로 굳이 정부 간 합의가 필요 없다는 식으로 말했다. 김대중은 대규모의 사업이 지속적으로 이루어지려면 정부의 지원이 있어야 한다고 강조해 관련 내용을 선언문에 포함하기로 했다.

남한의 주장으로 이산가족상봉 문제도 합의문에 넣었다. 다만 북한은 비전향 장기수 문제도 해결되어야 한다고 말했다. 그래서 이 2가지를 동시에 넣는 것으로 합의가 이루어졌다. 김대중은 김정일의 서울 답방도 합의문에 넣자고 했다. 방문 시점까지 분명히 해서 넣고 싶어 했다. 남북정상회담을 이어가고 싶어서였다. 김정일은 부정적이었다. 그래서 양측은 시점을 정하지 않고 '편리한 시기'에 답방하기로 했다. 나중에 합의문을 정리하는 과정에서 이는 '적절한 시기'로 바뀌었다.

합의문의 서명자를 누구로 할 것인지가 막판 문제가 되었다. 북한은 김용순과 임동원으로 하자고 했다. 남한은 김대중과 김정일로 해야 한다고 주장했다. 북한이 김영남-김대중으로 하자고 수정 제의했다. 하지만 남한은 김대중-김정일을 계속 주장했다. 많은 이야기가 오간 뒤 최종적으로 남한의 주장이 수용되어 '대한민국 대통령 김대중', '조선민주주의인민공화국 국방위원장 김정일'로 표기하고 두 정상이 서명하는 것으로 합의했다. 많은 것을 논의하고 합의하느라 회담은 오후 7시에 끝이 났다.

이렇게 해서 분단 역사상 첫 남북정상의 공동선언인 '6·15 남북공동선언'이 나오게 되었다. 5개항의 공동선언은 1항에 통일 문제의 '자주적 원칙'을 명기하고, 2항에 연합제와 '낮은 단계의 연방제'의 공통성 인정, 그 방향에서 통일 지향, 3항에 이산가족과 비전향 장기수 문제 해결을 명시했다. 4항에 제반 분야의 남북 교류와 협력, 5항에 조속한 당국 대화 개최를 담았다. 선언문 마지막에 김정일의 답방도 포함시켰다.

합의문에는 들어가지 않았지만 두 정상 간의 핫라인도 개설하기로 했다. 이 비상연락망은 김대중 정부가 끝날 때까지 유지되었다. 군의 비방 방송도 중단하기로 했다. 그리고 회담 과정에서 김정일은 주한미군 철수와 관련해 중요한 발언을 했다. 1992년 2월 북미고위급회담 당시 김용순이 미국에 '미국이 계속 남아서 남과 북이 전쟁을 하지 않도록 막아주는 역할을 해달라'고 요청했다는 것이다. 그러면서 "제가 알기로 김 대통령께서는 통일이 되어도 미군이 있어야 한다고 말씀하셨는데, 그건 제 생각과도 일치합니다"라고 말했다. 김대중은 왜 북한 매체들이 주한미군 철수를 주장하는 것이냐고 묻자, 김정일은 "미군 철수를 주장하는 것은 우리 인민들의 감정을 달래기 위한 것이니 이해해주기 바랍니다"라고 답했다.[6] 북한의 '미군 철수'가 액면 그대로 '완전 철수'가 아님을 말하는 것이다.

2000년 남북정상회담은 회담 개최 그 자체, 회담의 성과로 나온 남북정상의 첫 공동선언, 공동선언 외에 합의된 부분, 회담 과정에서 나온 중대한 발언, 회담 이후의 합의 실행에 따른 남북 관계의 개선 등 남북 관계사에서 중요한 의미를 지니는 결과물을 무수히 생산해냈다.

## 남북장관급회담

남북정상회담의 합의에 따라 다양한 분야에서 남북한의 협력이 진행되었다. 인도적 문제, 경제협력, 군사회담 등이 분야별로 진행되었다.

여러 분야의 협의를 총괄하고 정리하는 역할을 한 것이 남북장관급회담이다. 여기서 경제와 사회문화 분야 교류협력, 인도적 문제, 북핵 문제, 군사 문제 등 남북 관계 전반에 대한 현안 문제가 논의되어 분야별 회담으로 연결되기도 했다. 분야별 회담에서 이견이 심할 경우 이를 남북의 장관급에서 논의해 해결하기도 했다. 남북 간의 주요 문제를 고위급에서 직접 해결하는 기능을 한 것이다.

제1차 남북장관급회담은 2000년 7월 29일 서울에서 열려 3일간 계속되었다. 회담의 운영 원칙을 정하고 판문점 연락사무소를 다시 가동하고 경의선 철도를 연결한다는 데 합의했다. 제2차 회담은 2000년 8월 29일 평양에서 열렸다. 이산가족상봉, 군사 당국자 간 회담, 경협 확대, 문산-개성 간 도로 개설, 임진강 수해 방지 사업, 한라산·백두산 시범 관광 등에 대한 합의를 이루었다. 제3차 회담은 제주도에서 2000년 9월 27일에 열려 이산가족의 생사 확인과 서신 교환, 면회소 설치, 남북경제협력추진위원회 설치, 서울·평양 친선축구대회 등에 합의했다.

12월 12일 평양에서 열린 제4차 회담에서는 어업 부문 상호 협력, 태권도 시범단 교환, 이산가족 생사 확인·서신 교환 등에 대한 합의가 이루어졌다. 남북경제협력과 관련한 투자 보장, 이중과세 방지, 청산 결제, 상사 분쟁 해결 등에 대한 합의서에 서명하는 절차도 진행되었다. 이후 한동안 남북장관급회담은 열리지 못했다. 미국 공화당이 집권하면서 북한은 남북 관계에 소극적이었고, 실제로 조지 W. 부시 행정부가 대북 정책을 전면 검토하면서 남북장관급회담에도 응하지 않았다. 미국의 태도와 입장이 한반도에 바로 영향을 준다는 것을 다시 한 번 여실히 보여주었다. 그러다가 2001년 6월 북한 선박 3척이 남한 영해인 제주해협을 통과해 문제가 되자 회담에 응했다.

그래서 2001년 9월에 다시 서울에서 제5차 회담이 열리게 되었고, 여기서는 민간선박 상호 영해 통과, 남·북·러 철도·가스관 연결 사업, 금강산 육로 관광, 개성공단 건설 실무 협의 등에 대한 세부적인 합의를 만들어냈다. 11월에는 제6차 회담이 금강산에서 열렸지만, 이 회담은 성과 없이 끝났다. 9·11 테러에 따라 남한은 주요 시설을 보호하기 위한 비상경계 조치를 취했는데, 북한은 이를 적대 행위로 인식하며 반발해 회담이 아무런 합의도 없이 끝나게 되었다.

그 후 한동안 냉각기가 계속되어 2002년 4월 임동원이 북한을 방문했다. 김정일과 면담하고 남북 관계 복원에 합의했다. 그런데 6월 29일 남한 군인 6명이 전사하는 서해교전이 발생해 남북 관계는 위기에 처했다. 하지만 북한이 유감을 표명하며 제7차 회담이 2002년 8월 서울에서 열릴 수 있게 되었다. 서해교전이 있었지만, 회담이 열린 것은 남북 관계의 갈등적 속성에도, 남북정상회담으로 인한 대화의 추동력이 이를 압도할 만큼 매우 컸음을 보여주었다.

이렇게 남북장관급회담은 김대중 정부를 거쳐 노무현 정부에도 이어져 2007년 5월 제21차 회담까지 계속되었다. 그 과정에서 개성공단도 이루어지고 이산가족상봉도 계속할 수 있게 되었으며, 2002년 제2차 북핵 위기 발생 이후에는 핵 문제를 거론하기도 했다. 그런데 2007년 남북정상회담에 따라 합의 이행을 총괄하는 기구로 '남북총리회담'이 열리면서 7년 동안 운영되던 남북장관급회담은 막을 내리게 되었다.

## 비전향 장기수 63명 북송

남북정상회담 이후 "남과 북은 올해 8·15에 즈음하여 흩어진 가족, 친척 방문단을 교환하며 비전향 장기수 문제를 해결하는 등 인도적 문제를 조속히 풀어나가기로 하였다"라는 6·15 남북공동선언 3항에 따라 남북한은 이산가족상봉 사업을 진행했다. 2000년 6월 27일 적십자 회담을 열어 양측 100명의 이산가족을 동시에 교환하기로 했다. 여기서 비전향 장기수 송환도 함께 합의했다. 이에 따라 우선 8월 15~18일 서울과 평양에서 이산가족상봉이 이루어졌다. 1985년 이후 15년 만이었다.

남한에 있던 비전향 장기수에 대한 송환도 이루어졌다. 노령의 비전향 장기수 63명은 2000년 9월 2일 오전 8시 서울 평창동 북악파크텔에 모여 버스를 나눠 타고 판문점으로 향했다. 9시 40분 판문점 자유의집에 도착했다. 도중에 전몰군경유가족회의 시위로 도착이 20분 정도 늦어졌다. 판문점 연락관들은 '비전향 장기수 인도인수 확인서'를 교환하고 송환 절차에 들어가 15분 만에 마쳤다. 강동근을 시작으로 북한으로 한 명씩 넘어갔다. 조창손은 고열로 휠체어에 몸을 실은 채 링거를 꽂고 북한으로 갔다. 신인영은 노모를 남한에 남긴 채 몸을 북한으로 돌렸다. "북측에 가면 초청장과 신변안전보장 각서를 어머님께 보내 초청할 계획"이라며, "감옥에 있을 때나 나와 있을 때 도와준 남녘 동포에게 고맙다는 말을 전한다"고 말하기도 했다.[7]

그렇게 해서 비전향 장기수 63명이 넘어갔다. 항일빨치산 출신이 13명,

조선인민군 출신이 4명, 간첩 출신이 46명이었다. 북한은 대대적으로 환영했다. 판문점 북측 통일각에 500여 명의 환영객이 모여 이들을 맞이했다. 조선노동당 대남 비서 김용순, 인민무력상 김일철, 조국평화통일위원회 서기국장 안경호 등이 나와 있었다. 조선중앙TV가 중계시설을 동원해 이들의 도착을 보도했다. 63명을 벤츠 승용차 34대에 분승시켜 평양으로 데려갔다. 북한은 63명 모두에게 '조국통일상'과 조선노동당 당원증을 수여하고, 대형 아파트와 각종 생필품, 약재 등을 공급했다. 이들의 건강관리는 적십자병원에서 전담하도록 했다.

한편 이산가족상봉 사업은 이후에도 계속되어 노무현 정부 때까지 지속적으로 이루어졌다. 특히 2003년 2월에는 납북자와 국군포로 가족도 포함되어 상봉 행사에 참여했다.

## 무산된 북미정상회담

남북이 정상회담을 하면서 관계가 빠르게 개선되자, 미국도 북한과의 관계 개선에 적극 나섰다. 2000년 7월 말 방콕에서 개최된 아세아지역안보포럼ARF에서 미 국무장관 매들린 올브라이트Madeleine Albright는 북한 외교부장 백남순과 첫 북미외교장관회담을 열고, 1999년 윌리엄 페리William Perry 특사의 방북에 대한 답방으로 북한 특사를 워싱턴에 파견해줄 것을 요청했다. 백남순도 긍정 답변을 했다. 9월 말에는 뉴욕에서 북한 외교부 부부장 김계관이 미 국무부 평화회담 특사 찰스 카트

먼Charles Kartman을 만나 북한이 워싱턴에 특사를 파견할 준비가 되어 있다고 전했다.

이런 과정을 거쳐 김정일의 특사 조명록 국방위원회 제1부위원장이 10월 9일 워싱턴을 방문하게 되었다. 조명록은 군복을 입은 채 빌 클린턴Bill Clinton 대통령과 만나 김정일의 친서를 전했다. 북한의 안보에 위협이 없다고 확신할 수 있게 되면, 미국이 우려하는 안보 문제를 해결할 수 있다는 내용이었다. 핵 문제에 이어 미사일 문제도 해결할 수 있다는 이야기였다.

북미공동코뮤니케도 합의해 발표했다. 북미 관계를 전반적으로 개선하자는 내용이었다. 상호 적대의사 배제, 불신 해소, 신뢰 조성, 주권 존중, 내정 불간섭, 경제협력, 미사일 문제 해결, 인도적 분야 협력 등을 포함하는 것이었다. 정전협정을 평화협정으로 대체해 전쟁 상태를 종식시킨다는 내용도 담고 있었다. 조명록은 클린턴을 평양으로 초대한다는 김정일의 의사도 전했다.

클린턴은 김정일의 평양 초대에 대해 김대중의 의사를 물었다. 김대중은 수용을 적극 권장했다. 북미정상회담이 이루어진다면 김정일도 회담의 성공을 원할 것이기 때문에 분명 큰 성과가 있을 것이라는 게 김대중의 생각이었다.[8] 클린턴은 김정일의 초청을 수락하고 올브라이트를 평양에 보냈다. 10월 23일 올브라이트는 평양으로 들어갔다. 북한을 방문한 미국의 당국자 가운데는 최고위급이었다. 올브라이트는 클린턴의 친서를 김정일에게 전달하고 회담을 가졌다.

올브라이트가 본 김정일은 "자신이 원하는 것에 대해 잘 아는 지적인 인물이었고, 고립되어 있지만 정보는 갖추고 있었다. 나라는 비참했지만 그 자신은 절망적이거나 걱정스러운 기색이 없었고 자신감이 있었다"고 한다.[9] 올브라이트는 5·1 경기장에서 10만 명이 연출하는 카드섹션을 구경하기도 하고, 외교부장 백남순, 최고인민회의 상임위원장 김영남, 조명록 등도 만났다.

올브라이트와 김정일의 두 차례 회담에서 북미는 미사일 문제를 집중 논의해 일정한 잠정 합의에 이르렀다. 사정거리 500킬로미터 이상의 미사일을 추가로 개발·생산하지 않고 이미 보유하고 있는 미사일은 폐기하기로 했다. 단거리 미사일은 미사일기술통제체제MTCR 기준을 준수하고, MTCR 기준을 초과하는 부품과 기술의 해외 판매도 중지하기로 했다. 대신 미국은 몇 년간 식량을 제공하기로 했다. 이러한 잠정 합의를 이루어놓고 클린턴이 평양을 방문해 최종 합의를 이루기로 했다.

문제는 미국의 공화당과 대통령 선거였다. 공화당은 클린턴의 방북에 반대했다. 미국 대통령의 방북은 김정일 독재 정권을 정당화시켜준다는 것이었다.[10] 미국 대통령 선거도 11월 7일로 다가와 있었다. 북미정상회담은 다음 대통령에게 넘겨야 한다는 의견도 많았다. 클린턴은 선뜻 결단하지 못했다. 이스라엘-팔레스타인 문제도 심각한 상태가되어 거기에 관심을 쏟아야 했다. 그러는 사이 대통령 선거에서 공화당의 조지 W. 부시George W. Bush가 승리했다. 결국 클린턴은 방북하지 않기로 최종 결정해 북미정상회담은 무산되었다.

금창리 사건에 대한 원만한 해결로 북미제네바합의도 지켜지고 있는

2000년 10월 23일 미국의 당국자 가운데는 최고위급인 매들린 올브라이트가 북한을 방문해서 빌 클린턴의 친서를 김정일에게 전달하고 회담을 가졌다.

상황이었기 때문에 북미정상회담이 열려 미사일 문제를 해결했다면 북미 수교도 이루어질 수 있는 상황이었다. 하지만 임기 말에 몰린 클린턴의 사정으로 이러한 북미 관계 발전이 막힌 것이다. 남북정상회담 이후 김정일이 조금만 빨리 결단을 내려 조명록을 한 달만 일찍 파견했더라면 북미 관계는 획기적으로 변화했을 수도 있었다. 그랬더라면 제2

차 북핵 위기도 없었을 것이고, 한반도는 지금보다 훨씬 화해의 국면으로 가고 있을지 모를 일이다.


## 유럽과의 수교 봇물

북한은 중국, 러시아, 미국 등에 대한 외교에 주력하면서도 일본이나 서방국가와의 외교도 매우 적극적이었다. 일본과 2000년 4월과 8월과 10월에 잇따라 국교 정상화 회담을 열었다. 과거사 사죄와 보상 문제에 대한 합의에 이르지 못해 타결을 짓지 못했지만, 북한의 적극적 대일對日외교의 일면은 충분히 보여주었다.

서방국가와의 관계는 훨씬 정상화되었다. 특히 남북 관계 개선과 남북정상회담으로 북한의 적대성이 약화됨에 따라 유럽연합 국가들에 대한 접근은 수월해졌고, 잇따라 수교를 이룰 수 있게 되었다. 북한은 2000년 4월 이탈리아와 수교를 성사시켰다. 이후 영국, 스페인, 네덜란드, 독일 등과 접촉하면서 관계 정상화 협상을 벌였다. 그 결과 2000년 12월 영국, 2001년 1월 네널란드 · 벨기에, 2001년 2월 스페인, 2001년 3월 독일 · 룩셈부르크 · 그리스 등과 수교했다.

이렇게 북한은 유럽연합 국가들과 수교에 박차를 가했는데, 독일과의 수교 조건은 특히 북한의 적극성을 잘 보여준다. 북한은 독일과 수교하면서 4개항에 대해 합의했다. ① 독일 외교관과 원조기관 북한 내 자유 활동 보장, ② 원조기관의 원조 사업 진행 상황 직접 관찰 보장, ③

독일 기자의 북한 입북 원칙적으로 허용 및 북한 내 활동 편의 제공, ④ 인권, 지역 안보, 군비 축소, 대량살상무기 · 미사일 기술 비확산 논의 등이었다.[11]

외교관, 원조기관, 기자의 자유 활동을 보장한 것은 매우 파격적이었다. 대량살상무기 · 미사일 기술 비확산 논의는 미국의 요청으로 독일이 주장한 것인데, 이 또한 북한의 적극성을 확인할 수 있는 부분이다. 북한은 다른 유럽연합 국가들과는 다르게 독일과 협상하면서 이렇게 과감한 합의를 했는데, 그만큼 독일과의 수교에 비중을 많이 두었음을 말해준다. 유럽에서 독일이 차지하는 정치적 · 외교적 위상과 경제적 비중을 충분히 활용하기 위한 것이었다.[12]

네덜란드와 벨기에는 주한국 대사가 주북한 대사도 겸임하도록 했는데, 북한은 협상 과정에서 이를 문제 삼기도 했다. 북한이 주한국 대사를 주북한 대사로 받아들이는 것은 남한의 실체를 인정하는 행위였기 때문이다. 하지만 결국 양보했다. 역시 북한의 적극성을 보여주는 대목이다.

2001년 5월에는 유럽연합 의장국인 스웨덴의 총리 예란 페르손Göran Persson이 평양을 방문해 김정일과 회담했다. 그동안 미사일 시험 발사 유예에 대해 기간을 정하지 않고 있었는데, 그 자리에서 김정일은 '2003년까지 유예하겠다'고 말했다. 유럽연합과의 수교 협상도 진척되어 2001년 5월 14일에 수교했다. 2003년 12월에는 아일랜드와도 수교해 유럽연합 국가 가운데는 프랑스를 제외한 모든 나라와 관계를 정상화했다.

2000년대 초 북한이 유럽연합 국가들과 국교를 정상화하면서 외교를 강화한 것은 독일과의 협상 과정에서 알 수 있듯이 외교적 고립에서 벗어나고 동시에 경제적 실익을 확보하기 위한 것이었다. 남한과의 화해 분위기를 기회로 미국, 일본 등과 관계를 개선하면서 외교 지평을 유럽으로 확대해 이를 북한의 국익 확대해 활용하겠다는 실용적인 외교 정책이었던 것이다. 이후 북한과 유럽의 관계는 북핵 문제와 북미 관계의 부침에 따라 많은 영향을 받기도 하지만, 그런 가운데에서도 북한은 미국으로 가는 우회로 확보 차원에서 유럽과의 관계는 지속적으로 강화하려고 노력했다.

## 김정남의 일본 밀입국 시도

김정일은 6남매를 두었다. 장녀 혜경은 첫 번째 아내 홍일천이, 장남 정남은 두 번째 아내 성혜림이, 차녀 설송은 세 번째 아내 김영숙이, 차남 정철과 삼남 정은과 삼녀 여정은 네 번째 아내 고영희가 낳았다. 장남인 정남은 김정일 후계구도와 관련해 줄곧 관심의 대상이었다. 김정일의 장남인 데다 그의 고모 김경희와 고무부 장성택의 철저한 지원을 받고 있는 것으로 알려져 있었다. 그도 그럴 것이 정남은 1971년생으로 2000년대 초 30대에 접어들었지만, 정철은 1981년생, 정은은 1984년생으로 정남과는 열 살 이상 차이나는 그야말로 어린아이였다. 하지만 정남은 김정일의 선택을 받지 못했다.

여러 가지 이유가 거론된다. 그중 하나가 정남이 김정일과 멀어진 상태로 사망한 성혜림의 소생이라는 것이다. 성혜림은 소설 『고향』으로 유명한 월북작가 이기영의 맏며느리였다. 유명한 배우이기도 했다. 나이도 김정일보다 다섯 살이나 많았다. 김정일은 그런 성혜림을 가까이 해서 결국 정남을 낳았다. 1970년대 중반 이후에는 재일 교포 출신 무용수 고영희와 가까워지면서 성혜림에게는 소홀했다. 그 바람에 성혜림은 우울증과 심장병을 앓았다.

그러다가 2002년 5월 모스크바에서 쓸쓸하게 사망했다. 김정일 곁에서 요리사로 1980년대 후반부터 2000년대 초반까지 13년 동안 일했던 후지모토 겐지藤本健二는 자신이 일하는 동안 한 번도 정남을 본 적이 없다고 말했다. 그러면서 그는 정남이 유부녀였던 성혜림의 소생이기 때문에 멀리 두었을 것으로 추정했다.[13] 김정일이 유부녀와 자신 사이에서 태어난 정남을 후계자 후보로 비중 있게 생각하지 않았다는 이야기다.

또 하나는 김정남의 자유분방한 성격 때문이라는 것이다. 이것이 더 결정적이었을 것이다. 그런 성격을 단적으로 보여주는 사건이 2001년 5월 1일에 발생했다. 김정남이 위조된 도미니카공화국 여권을 갖고 밀입국하려다가 일본 나리타공항에서 적발된 것이다. 김정남은 4세 아들과 2명의 여인을 대동하고 있었다. 한 사람은 보모 역할을 하는 사람이고, 또 한 사람은 북한 외무성 소속 일본어 통역원이었다. 이 소식은 세계 언론에 크게 보도되었다. 은둔 왕국의 황태자와 같은 위치에 있는 사람이 밀입국을 하다가 적발되었으니 그럴 만도 했다.

2001년 5월 1일 김정남은 위조된 도미니카공화국 여권을 갖고 일본에 밀입국하려다가 나리타공항에서 적발되어 강제추방되었다.

일본의 정보기관이 파악해본 결과 김정남은 아들에게 디즈니랜드를 보여주기 위해 일본에 들어가려고 했다. 호주와 싱가포르를 들렀다가 일본에 온 것이었다. 언론들이 관심을 갖고 취재에 나설 것 같아 위조 여권으로 들어가려고 했다. 일본 정부는 이 사건을 두고 고민을 거듭했다. 국외 추방이냐, 구속해서 형사처벌을 할 것이냐를 두고 숙고한 것이다. 경찰 당국은 법적으로 처리하려고 했다. 하지만 외무성은 반대했다. 일본인 납북자 문제를 처리하는 데 장애가 될 수 있기 때문이었다. 결국 외무성의 의견에 따라 강제추방하기로 했다. 일본 주재 중국 대사 천젠중陳健中에게 협조를 요청했다. 중국이 이를 수용해 5월 4일 베이징으로 보냈다. 여객기의 2층 비즈니스석 전부를 사용했다. 외무성 직원들이 동행해 베이징에서 중국 당국에 인계했다. 자유롭게 생각하고 자유롭게 행동하는 김정남의 성격을 보여주는 사건이었다.

김정일은 이 사건으로 김정남을 후계자 물망에서 배제한 것으로 전해진다. 북한의 최고 지도자 후보에 올라 있는 인물이 위조 여권을 소지하고, 특별히 중대 임무를 띤 것도 아니고 디즈니랜드에 가기 위해 밀입국을 하려다가 들통이 나서 세계 언론의 주목을 받았으니 김정일이 크게 실망했던 것으로 짐작된다. 김정남은 영화를 좋아하고 시나리오를 써서 영화를 만들기도 하는 등 낭만적인 면이 많았다. 김정일 자신도 예술에는 관심이 많았지만, 그러면서도 권력의지 또한 강했다. 하지만 김정남은 낭만적일 뿐 권력 지향적이지는 않았다. 그래서 김정일은 자신의 후계를 두고 고민했던 것으로 보인다. 그러던 차에 일본 밀입국 사건까지 발생해 김정일의 선택지에서 김정남은 제외되었던 것으로 보인다.

# 국가정보원장

## 임동원이 본

## 2000년

국가정보원장 임동원은 2000년 5월 27일 남북정상회담에 대한 사전협의를 위해 북한을 방문했다.[14] 아침 일찍 판문점의 남북 군사분계선을 넘었다. 북측 통일각에 이르러 마중 나온 조선노동당 통일전선부 제1부부장 림동옥과 만났다. 승용차를 타고 개성 쪽으로 갔다. 개성 인근에서 헬기로 갈아탔다. 평양까지는 50분이 걸렸다.

백화원 영빈관에 도착해 림동옥과 마주앉아 주요 문제를 논의했다. 남북정상회담 전에 풀어야 하는 핵심 문제가 김일성의 시신이 안치된 금수산기념궁전 참배 문제였다. 북한에서는 꼭 방문해야 하는 것으로, 남한에서는 절대 방문해서는 안 되는 것으로 주장했다. 북한은 '주석님'에 대한 최소한의 예의라고 강조했고, 남한은 보수 세력의 공격으로 남북정상회담 합의를 무산시킬 만한 이슈라고 역설했다.

북한의 태도가 완강했다. 임동원은 당시 인말세트INMARSAT 위성전화기를 처음 평양으로 가져갔는데, 이것으로 김대중 대통령에게 상황을 보고했다. 평양–서울 첫 위성전화 통화였다. 임동원은 조선노동당 대남 비서 김용순도, 김정일도 만나지 못한 채 다시 헬기를 타고 평양을 떠나야 했다.

임동원은 6월 3일 재차 북한을 방문했다. 지난번과 같은 노정으로 평양에 들어갔다. 이번에는 모란봉초대소로 갔다. 모란봉초대소는 대동강과 릉라도가 한눈에 들어오는 곳에 있었다. 거기서 임동원은 김용순·림동옥과 만났다. 남북정상회담이 끝난 뒤 금수산기념궁전을 방문하겠다고 말했다. 김대중 대통령의 뜻이었다. 이들은 이를 김정일에게 전했다.

저녁에 북한의 안내에 따라 순안공항으로 이동해 비행기를 탔다. 35분 동안 비행한 뒤 특별기는 신의주 군용비행장에 내렸다. 거기서 차를 타고 30분 정도를 갔다. 비포장도로였다. 가로수가 하늘을 가릴 만큼 무성한 길이 나왔다. 검문소가 있었다. 조선인민군 소좌가 임동원을 철저히 검색했다. 그런 검문소를 2개 더 지났다. 그 과정을 거쳐 어떤 건물에 도착했다. 건물 내부의 바닥과 벽이 모두 크림색의 대리석으로 되어 있었다. 싸늘한 느낌이었다. 김정일의 특각特閣이었다. "반갑습니다! 여기까지 오시느라고 수고가 많았습니다!"

임동원을 맞은 김정일은 반갑게 인사를 했다. 갈색 점퍼를 입고, 굽 높은 구두를 신고 있었다. 뚱뚱했고 머리는 올려 세우고 있었다. 5월 말 중국을 방문하고 돌아오는 길에 김정일은 거기 머물고 있었다. 회의실로 들어가 긴 탁자를 가운데 놓고 마주했다. 임동원 옆에 국가정보원의 대북전문가 김보현과 서훈이, 김정일 옆에 김용순과 림동옥이 앉았다.

임동원은 김대중 대통령의 친서를 전하면서 내용을 자세히 설명했다. 남북정상회담에서 남북 관계 개선과 통일 문제, 긴장 완화와 평화 문제, 남북교류 협력 문제, 이산가족 문제 등에 대해 논의하고 싶다는 내용이었다. 김정일은 1시간 가까운 설명을 진지하게 들었다. 그러고는 "자세히 설명해주어 매우 잘 이해가 되었습니다. 긴 설명하시느라 정말 수고가 많았습니다"라고 말한 뒤 격식없이 일상 대화를 하듯이 이야기하기 시작했다. 김대중 대통령의 오랜 민주화 투쟁에 대해서는 경의를 표했고, 평양에 오면 잘 모시겠다는 말도 했다. 정중하면서도 화끈하게 말했다. 음습하고 괴팍한 성격이라는 그간의 전언과는 완전히 다른 모습이었다.

저녁식사를 함께하며 면담은 계속되었다. 식사는 양식이었고, 커다란 리델 글라스에 프랑스 적포도주가 곁들여졌다. 김정일은 전에는 위스키와 코냑을 많이 마셨는데, 의사들이 권유해서 적포도주로 바꿨다고 말했다. 김정일은 남한에 대해 이것저것 이야기를 많이 했다. 늘 비판만 하는 야당이 존재하는 민주주의라는 게 무슨 의미가 있는지 묻기도 했고, 김일성 사망 당시 김영삼 대통령이 전군에 비상경계령을 내린 것에 대해서는 잊을 수 없다고도 했다. 금수산기념궁전 방문 문제에 대해서는 금수산기념궁전에서 처음 남북 정상이 상봉하는 방안, 정상회담 시작 전 방문하는 방안 등을 이야기했다. 임동원은 정상회담이 끝나고 방문하는 방안, 아니면 아예 방문하지 않는 방안 2가지를 이야기했다. 이 문제는 결론이 나지 않았다.

김정일은 이렇게 진지한 이야기를 하다가도 갑자기 제주도가 아주 이국적이라면서 가고 싶다는 의사를 피력하는 등 가벼운 주제와 무거운 주제를 넘나들면서 대화를 주도하는 화술을 갖고 있었다. 만찬은 밤 12시에나 끝났다. 임동원은 바로 비행기를 타고 평양으로 돌아가 다음 날 을밀대와 단군릉 등을 돌아본 뒤 서울로 돌아왔다.

임동원은 두 번 평양에 갔지만 금수산기념궁전 방문 문제를 해결하지는 못했다. 이 문제는 김대중 대통령이 평양에 도착한 이후 김정일이 '방문하지 않는 것으로 하자' 해서 해결되었다. 하지만 임동원은 남북정상회담 전에 김정일을 만나 김대중이 궁금하게 생각하는 김정일의 특성을 면밀하게 파악할 수 있었다. 그가 김대중에게 보고한 김정일의 특성은 "상대방의 말을 경청하며 말하기를 즐기는 타입입니다. 식견이 있고 두뇌가 명석하며 판단력이 빨랐습니다. 명랑하고 유머 감각이 풍부한 스타일입니다. 수긍이 되면 즉각 받아들이고 결단하는 성격입니다. 개방적이고 실용적인 사고방식을 갖고 있으며, 말이 논리적이지는 않지만 주제의 핵심을 잃지 않는, 좋은 대화 상대자라는 인상을 받았습니다. 특히 연장자를 깍듯이 예우한다는 느낌을 받았습니다"라는 것이었다.

2002~2003년

제2장

×××

제2차 북핵 위기

## 개성공단 착공

북한에 공업단지를 조성하는 문제는 1998년 정주영의 '소떼 방북'에서부터 시작되었다. 1998년 6월 제1차 방북에 이어 10월 제2차로 평양을 방문한 정주영이 김정일을 만나 산업공단 설립과 금강산 관광에 대해 합의를 이루어 공단 조성 사업이 시작되었다.

북한은 신의주에 공단을 만들자고 제안했다. 남한에서 멀리 떨어진 곳에 해야 근로자들이 남한의 영향을 덜 받을 것이라는 생각에서였다. 현대아산은 해주를 제시했다. 남한에 가깝고 바다를 끼고 있어 물류에 유리했기 때문이다. 협상 끝에 개성 지역으로 정해졌다. 남한에 가까운 지역이라야 남한의 전력을 공급하는 데 유리했다. 군사 지역인 것이 문제였고 군부도 반대했지만, 김정일의 결단으로 개성공단이 착공하게 되었다.

북한은 2000년 8월 북한을 방문한 현대아산 회장 정몽헌에게 이를 통보함으로써 사업이 본격적으로 시작할 수 있게 되었다. 북한의 아시아태평양평화위원회와 현대아산은 8월 22일 '개성공업지구 건설·운영에 관한 합의서'를 체결했다. 그 내용은 개성시를 포함한 지역에 공장 구역 약 26.5제곱킬로미터(800만 평), 생활·상업·관광 구역 약 39.6제곱킬로미터(1,200만 평)을 포함한 약 66.1제곱킬로미터(2,000만 평) 규모의 공단을 조성한다는 것이었다. 북한과 현대아산은 우선 1단계로 약 3.3제곱킬로미터(100만 평)를 개발하기로 했다.

이에 따라 북한은 2002년 11월 13일 공단 조성 지역을 '개성공업지구'로 지정하고, 11월 20일에는 '개성공업지구법'을 제정해 공단 조성을 위한 제도적 장치를 마련했다. 그래서 2003년 6월 30일 착공식을 갖고 개발공사를 시작했다. 조성 공사가 이루어지는 동안 많은 부수적인 조치가 이루어져야 했다. 남북장관급회담을 비롯해 남북경제협력추진위원회, 개성공단개발실무협의회, 남북경제협력제도 실무협의회 등 여러 형태의 협의가 이루어져 제도를 만들어갔다. 군사적 보장 문제를 논의하기 위한 남북군사회담도 열렸다. 이런 과정을 통해 기반시설·도로 건설, 노동력 공급, 통신, 통관, 검역 등에 대한 합의서를 만들 수 있었다.

개성공단 조성 공사가 진행됨에 따라 2005년 시범단지에 18개 기업이 입주했고, 이후 기업들의 입주가 이어졌다. 2005년 3월에는 전력 공급이 시작되었고, 2007년 10월에는 1단계 주요 기반시설 공사가 완료되어 준공식을 갖고 운영에 들어갔다.

북한은 2002년 11월 13일에 공단 조성 지역을 '개성공업지구'로 지정하고, 11월 20일에 '개성공업지구법'을 제정해 제도적 장치를 마련한 뒤 2003년 6월 30일 개성시 평화리에서 개성공단 착공식을 갖고 개발공사를 시작했다.

북한이 개성공단 사업을 진행한 것은 그 의미가 매우 크다. 첫째, 남한의 기업을 받아들여 공동으로 대규모 사업을 진행한다는 것은 남한과의 지속적인 교류 협력을 의미하는 것이었다. 최소한 경제 분야에서만큼은 지속적인 교류를 진행할 의사가 있음을 분명히 한 것이다. 둘째, 개성공단 사업은 북한이 '양의 합 게임positive-sum game'에 대한 인식을 분명히 가졌음을 의미하는 것이었다. 남한과 경쟁을 통해서 자신을 강화하고 남한은 약화하는 '영합 게임zero-sum game' 의식에서 벗어나 남한과의 관계에서 서로 윈윈win-win하는 것이 무엇인지에 대한 개념을 명확히 갖고 있었다는 것이다.

셋째, 군부의 반대를 무릅쓰고 사업을 진행한 것은 북한의 경제개발에 대한 의지와 온건파의 입지 강화를 보여주는 것이었다. 북한에서 최고 의사결정자는 김정일이었지만, 김정일의 의사결정에 큰 영향을 주고 있었던 것은 온건파다. 따라서 개성공단 사업의 성공적인 진행은 온건파의 입지를 더 확대시켜줄 수 있었다.

실제로 개성공단은 북한과 남한에도 공히 많은 편익을 가져다주는 사업이었다. 북한이 가진 노동력과 남한이 가진 자본과 기술을 합쳐 상생의 길로 갈 수 있었다. 북한은 교육을 충분히 받은 양질의 노동력은 많으나 일할 자리는 부족한 실정이었다. 남한은 기술 수준이 높고 자본력을 가진 기업들이 충분했다. 이 둘을 결합한 개성공단은 서로에게 경제적 이익뿐만 아니라 남북한이 화해협력을 지속하고 평화 분위기를 형성하고 장기적으로 통일의 단계로 나아가는 데 크게 기여할 수 있는 프로젝트였다.

## 7 · 1 경제관리개선조치

북한은 2002년 7월 1일 기존의 경제 운용 방침에 큰 수정을 가하는 조치를 단행했다. 이른바 '7 · 1 경제관리개선조치'다. 상품 가격 · 임금 인상, 공장 · 기업소의 자율성 확대, 인센티브 강화 등을 주요 내용으로 하는 것이었다. 전체적으로 사회주의 계획경제 시스템에 시장경제 요소를 더하는 것이었다. 그렇다고 해서 사회주의 체제를 근본적으로 바꾸는 것은 아니었다. 북한도 이를 강조했다.

김정일은 2002년 7월 28일 러시아 외무장관 이고리 이바노프Igor Ivanov를 만난 자리에서 7·1 경제관리개선조치와 관련해 "경제관리 개선은 사회주의 원칙에 기초해 추진되고 있으며, 다른 나라의 모방이 아닌 독자적인 길을 가고 있다. 북한은 러시아와 중국 등의 경험을 참조했으나 이들 나라에서는 개혁을 실시하면서 오류를 범하거나 잘못된 일이 종종 있었다"라며 북한식 개선 조치임을 강조했다.[1]

그 내용을 구체적으로 보면, 우선 눈에 띄는 부분이 물가와 임금의 인상이다. 공산품과 식량 등의 가격을 수십 배에서 수백 배 올렸다. 그동안 장마당의 물가는 많이 높아져 있었다. 그런데 공장과 기업소가 제품을 판매하는 가격은 낮게 책정되어 있어 현실과 괴리가 있었다. 원자재의 가격은 높은데 제품 가격은 낮게 되어 있어 공장과 기업소의 부담이 컸다. 암시장에 제품을 내다파는 경우도 많았다. 그래서 제품의 가격을 전체적으로 올려 현실화한 것이다. 물가를 현실화한 만큼 근로자들의 임금도 거기에 맞춰주어야 했다. 그래서 임금도 18~25배 올렸다.

둘째는 공장과 기업소의 자율성 확대다. 목표량 제시와 달성보다 자율적 수익성 개선 시스템 요소를 확대한 것이다. 공장과 기업소에 대한 평가도 수익성을 얼마나 개선했는지에 중점을 두어 하도록 했고, 임금도 공장·기업소의 수익과 노동생산성에 따라 차등 지급할 수 있도록 바꾸었다. 이윤의 일부를 국가에 납부하지 않고 기업 스스로 재투자할 수 있도록 했다. 당위원회의 역할을 강화한 '대안의 사업 체계'식에서

7·1 경제관리개선조치는 현실의 난관을 타개하기 위한 고육지책이었지만, 물가와 임금을 인상해 결국 물가를 인상시키는 결과를 초래했다. 평양의 무역은행에서 인민 생활 공채를 구입하고 있는 시민.

지배인의 역할을 강화하는 방식으로 공장·기업소를 운영할 수 있도록 했다.

셋째는 배급제의 개편이다. 주택을 보급하고, 식량을 배급하고, 생필품을 국정 가격으로 저렴하게 구입할 수 있도록 했던 것을 전반적으로 수정해 주택, 쌀, 공산품 등을 벌어들인 임금으로 구입하도록 했다. 학교 교육과 병원 진료 등 주요 부분은 무상 시스템으로 유지하면서 그 밖의 부분에 대해서는 시장제도를 도입한 것이다.

넷째는 농장의 분조관리제 확대다. 농장의 작업반 내 실제 작업을 시행하는 분조의 구성 인원을 15~20명에서 7~8명으로 축소했다. 이 분조별로 실적을 계산하고 초과분은 자유처분할 수 있도록 했다. 이 제도는 1996년 강원도 등 일부 지역에서 시행되다가 중단되었는데, 전국적으로 실시한 것이다.

이 조치는 북한이 시장경제 체제를 기꺼이 수용하려고 한 것이라기보다는 현실의 난관을 타개하기 위한 고육지책이었다. 북한은 1990년대 이후 오랫동안 식량난과 생필품 부족 현상을 겪어왔다. 장마당이 확대되어 물가는 치솟았다. 공급이 달리니 인플레이션이 발생할 수밖에 없었다. 이러한 현실에 맞추기 위해서 상품 가격을 인상하고 임금을 올리고 시장의 기능을 인정하는 조치를 취하지 않을 수 없었다. 하지만 이런 조치로 생필품 공급 부족을 해결할 수는 없었다. 공급은 여전히 부족한 상태에서 물가와 임금을 인상해 7·1 경제관리개선조치는 물가를 인상시키는 결과를 초래했다.

## 시장의 합법화와 실리사회주의

7·1 경제관리개선조치로 시장의 필요성은 커졌다. 근로자들은 배급보다는 일하고 받은 임금으로 필요한 생필품, 쌀, 부식 등을 시장에서 구입해야 했다. 북한 당국은 국영상점을 늘려 문제를 해결하려고 했다. 그 대신 장마당은 통제하려고 했다. 비공식적인 것을 줄여보려고 한 것이다. 하지만 그렇게 해서는 주민들에게 필요한 물자를 공급하기는 어려웠다. 그래서 2002년 12월에는 오히려 장마당에서 농산물뿐만 아니라 공산품 거래도 허용했다.

2003년 3월부터는 암시장이지만 상설화된 장마당을 '종합시장'이라는 이름을 붙여 합법화했다. 이렇게 명칭을 변경한 이유와 관련해 국가계획위원회 국장 최홍규는 2003년 4월 2일 조총련 기관지『조선신보』와 인터뷰를 하면서 "시장이 사회적 수요를 충족시키는 공간으로서 제대로 기능하도록 나라가 보다 적극적인 관리 정책을 실시해나가자는 의지의 표현"이라고 밝혔다.[2] '사회적 수요'라 함은 주민들이 직접 물품을 시장에서 구입해야 하는 북한의 새로운 환경을 말하는 것이다.

음성적 시장을 종합시장으로 양성화하고 시장 입구에는 시장의 이름을 적은 간판을 달았다. 시장에 설치된 판매대를 개인이나 기관, 단체 등이 임대해 장사할 수 있도록 했다. 판매대를 빌려 장사하는 사람은 대부분 개인이었다. 판매대에는 번호를 붙였다. 그렇게 되자 주민들의 시장 이용이 늘었고, 그에 따라 시장이 증가했다. 기존의 장마당을 종합시장으로 전환하는 것 외에도 새로 종합시장을 신축하기도 했다. 평양에만 해도 락랑 구역의 '통일시장'을 비롯해 50개에 이르렀다. 지방에는 시·군에 1~2개의 종합시장이 조성되어 전국적으로 300여 개가 되었다.

7·1 경제관리개선조치에 따라 공장·기업소도 일정 제품을 시장에 내다팔 수 있게 됨에 따라 시장의 상품은 다양화되었다. 국영상점의 기능이 떨어지고 시장 중심으로 경제가 움직이는 양상이 되어갔다. 북한이 이렇게 시장을 양성화한 가장 중요한 이유는 필요한 물품의 공급이 이루어져 인민들의 삶이 영위되도록 하기 위한 것이지만, 북한 당국의 재원 마련을 위한 것이기도 했다. 북한 당국은 종합시장의 판매대를 빌

려주고 임대료를 받았다. 또, 상인들의 수익금 일부를 '국가 납부금'이라는 이름으로 거둬들였다. 이렇게 시장은 인민들의 필요에 따라, 또 북한 당국의 필요에 의해 그 기능이 확대되어갔다.

북한은 시장을 인정하고 이를 활용하는 현상을 '실리사회주의'라고 명명해 개념화하고 합리화했다. 실리사회주의는 "국가의 통일적인 지도 아래 누구든 사회와 집단에 보탬을 주는 방향에서 자기의 창발성을 발휘해야 더 많은 분배의 몫이 돌아가도록" 하는 체제를 말한다.[3] 기본적으로는 사회주의 원칙을 지키면서 경제적 실리는 추구한다는 것이다. 실리사회주의가 자본주의와 차이나는 점이 무엇이냐는 질문에 김일성종합대학 경제학부 교수 허재영은 "자본주의는 개인주의에 기초하고 있다면 사회주의는 집단주의에 기초하고 있다"고 답하기도 했다.[4] 집단주의에 기초해 평등과 고른 분배를 추구하는 원칙은 지켜가고 있다는 이야기였다.

북한은 7·1 경제관리개선조치 이후 실리사회주의 목표 실현에 경제활동의 우선순위를 두도록 강조할 만큼 이를 중시했다. 어려운 경제여건을 개선해나갈 수 있는 방안으로 여긴 것이다. 수익성이 없는 단위는 폐기하고 낡은 생산공정은 없애야 한다고 강조하기도 했다. 경제 부문뿐만 아니라 정치, 경제, 외교 분야에서도 성과와 실리를 강조하면서 사회 전 분야에서 실리사회주의는 적용되었다.

하지만 계획경제의 근간을 유지하면서 경제 단위들의 수익성 추구를 독려하는 것은 그 효과에서 한계가 있었다. 체제의 근본개혁 없이 경제적 효율성을 추구한 데에 한계가 있었던 것이다. 실제로 실리사회주의 노선은 북한 경제를 살리는 데 크게 기여하지 못했다. 그래서 2008년부터 북한은 다시 사회주의 계획경제의 우월성을 강조하는 방향으로 노선을 전환하게 되었다.

## 내각 총리, 온건파 박봉주

2003년 8월 3일 제11기 최고인민회의 대의원 선거가 있었다. 제10기와 마찬가지로 687명이 대의원으로 선출되었다. 특징적인 것은 평양방어사령관 박기서, 제108기계화군단장 김명국 등 군 장성들이 탈락하고, 경제와 대외 관계, 대남 관계 인사가 많이 선출되었다는 것이다. 북한 정권이 경제 활성화와 대외 관계 개선에 그만큼 주목하고 있다는 이야기였다. 특히 남한의 기업과 협력 사업을 지속해온 아시아태평양평화위원회 부위원장 송호경·최승철, 남북장관급회담 북한 대표단장 전금진, 내각 참사 김령성 등이 대의원에 선출되어 북한의 남북 관계에 대한 관심을 여실히 알 수 있게 해주었다.

9월 3일에는 제11기 최고인민회의 대의원 제1차 회의가 열렸다. 국방위원장에는 김정일을 다시 추대했다. 내각 총리에는 박봉주가 임명되었다. 경제 성장을 위해서는 내부 개혁과 새로운 제도를 도입해야 한다는 생각을 가진 온건파였다. 1939년생으로 덕천공업대학을 졸업한 후 1962년에는 룡천식료공장 지배인을 시작으로 주로 생산현장에서 일했다. 1983년에는 남흥청년화학연합기업소 당 책임비서로 근무하

2003년 9월 3일 제11기 최고인민회의 대의원 제1차 회의에서 국방위원장에 김정일이 다시 추대되고, 내각 총리에 박봉주가 임명되었다. 김정일을 국방위원장으로 재추대하는 최고인민회의 대의원들.

고, 1993년에는 당 경공업부 부부장, 1994년에는 당 경제정책검열부 부부장을 맡았다. 1998년부터는 내각 화학공업상을 맡았다. 2002년에는 화학공업상으로 있으면서 7·1 경제관리개선조치를 입안하는 데 주도적인 역할을 했다. 그러다가 총리가 된 것이다.

2002년 10월에는 경제사절단의 일원으로 남한을 방문해 삼성전자와 포항제철 등을 직접 둘러보기도 했다. 서울 동대문의 두산타워를 방문했을 때 박봉주는 상인들에게 열심히 묻고 적었다. 기자들이 왜 그러느냐고 물었다. 그러자 박봉주는 "기자 선생, 지금 볼 게 너무 많은데, 눈이 두 개뿐이오. 말 좀 걸지 마시오"라고 했다고 한다. 자본주의 경제의 운용에 대해 누구보다 관심이 많았던 것이다.

박봉주는 총리가 된 뒤 7·1 경제관리개선조치를 실행하면서 추가적인 개혁 방안을 도입했다. 금융제도와 상품유통 체계에 시장경제 요소를 가미해 개선한 것이었다. 국가개발은행 설립도 추진했다. 하지만 2005년부터 남한 상품이 종합시장에서 팔리는 등 이른바 '황색바람(자본주의 풍조)'이 불어 북한에서 군부를 중심으로 한 강경파들의 긴장을 촉진시켰고, 이들의 입지를 강화시켰다. 그 바람에 박봉주는 2007년 총리에서 물러났다.

## 북일정상회담

북한과 일본의 첫 정상회담은 오랜 사전교섭 끝에 이루어졌다. 교섭은 2001년 11월부터 일본의 외무성 아시아대양주 국장 다나카 히토시 田中均와 북한의 김철 사이에서 이루어졌다. 김철은 국방위원회 소속이었다. 일본의 관심은 북한에 납치된 일본인에 대한 정보를 얻어내는 것이었다. 북한은 일본이 총리의 방북을 미끼로 납치자에 대한 정보만 얻으려는 것이 아닌가 의심했다. 일본은 북한이 조속한 국교 정상화로 거액의 배상금을 받아내려고 한다는 의심을 하고 있었다. 서로 이러한 불신이 있었기 때문에 오랜 접촉이 필요했다.

북한은 당시 경제적인 지원이 아쉬웠다. 실제로 김철은 사전교섭 단계에서 배상금의 액수를 명시하려고 했다. 100억 달러 이상을 요구했다.[5] 일본은 절대 액수를 사전에 정할 수 없다고 맞섰다. 대신 납치자에 대한 정보를 사전에 알려달라고 요구했다. 북한은 정상회담이 열리면 거기서 논의해보자고 했다. 결국 평양에서 회담을 열어 배상 문제와 납치자 문제를 함께 논의하는 것으로 정리되었다.

고이즈미 준이치로小泉純一郎 총리는 2002년 9월 17일 새벽 전용기를 타고 도쿄를 출발했다. 9시 조금 지나 평양 순안공항에 도착했다. 맑디 맑은 가을 날씨였다. 북한 최고인민회의 상임위원장 김영남, 인민무력 부장 김일철, 외무성 부상 김영일 등이 나와 있었다. 고이즈미는 이들의 안내를 받아 백화원 영빈관으로 향했다. 영빈관에 도착해 잠시 휴식하는 사이 다나카 국장과 북한의 외무성 아시아 국장 마철수 사이에 실무회의가 있었다. 그 자리에서 북한은 납치자 정보를 전해주었다. 납치자는 모두 13명으로 5명은 생존, 8명은 사망이라고 했다. 북한은 납치자 대신 행방 불명자라고 했다.

정상회담은 백화원 영빈관 회담장에서 오전 11시에 시작되었다. 간단한 인사말이 오갔다. 그러고는 고이즈미가 납치자 문제를 이야기했다. 북한이 전해준 정보를 받고 충격을 받았다며 사죄와 생존자 면회, 사망자에 대한 상세한 정보 제공을 요구했다. 김정일은 가만히 듣고만 있다가 휴회를 요청했다.

점심시간이 되어 북한이 초대를 했으나 일본은 응하지 않았다. 자국민의 납치·사망을 확인하고 식사 대접을 받을 수 없었기 때문이다. 이를 예상하고 일본은 주먹밥을 가져왔으나 이마저도 먹지 못했다. 고이즈미, 다나카, 관방부 부장관 아베 신조安倍晋三, 총리 비서관 이지마 이사오飯島勳 등은 식사도 잊은 채 전략을 논의했다. 김정일이 사과하지 않는다면, 그냥 일본으로 돌아가자는 쪽으로 의견이 모아졌다.

오후 2시 회담이 재개되었다. 김정일은 납치를 인정했다. 하지만 특수기관의 망동주의자들의 소행이라고 했다. 그들이 일본어 교육과 남한 침투를 위한 신분 위장을 위해 1970년대와 1980년대 일본인들을 납치했다는 것이다. 그리고 사과했다. 고이즈미는 김정일이 자신은 전혀 몰랐다고 말하는 느낌을 받았지만, 그 정도면 원하는 것을 얻었다고 생각했다. 그래서 양측은 북일정상회담 등에 대한 논의를 진행해 '북일평양선언'에 합의할 수 있었다.

'북일평양선언'은 북한과 일본 사이 중대 이슈를 모두 포함하는 합의였다. 제1항은 "국교 정상화를 조기에 실현하기 위해 모든 노력을 기울인다"였다. 국교 정상화 회담을 본격 시작한다는 의미였다. 제2항은 "일본 측은 과거의 식민지 지배에 따라 조선인에게 커다란 손해와 고통을 안겨주었다는 역사적 사실을 겸허하게 받아들이고 통절한 반성과 마음으로부터 사죄의 뜻을 표명한다"였다. 남한과 일본 사이의 1965년 6월 한일기본조약에는 과거 역사에 대한 책임과 반성의 뜻이 충분히 표현되어 있지 않지만, 북일평양선언은 이를 분명히 했다.

제3항은 "일본 국민의 생명과 안전에 관련한 현안에 관해 조선민주주의인민공화국 측은 북일 관계가 비정상적이었을 때 발생한 유감스러운 문제가 앞으로 다시 일어나지 않도록 적절한 조치를 취할 것을 확인했다"였다. 납치자라는 용어는 북한의 반대로 넣지 않았지만, 납치자 문제에 대한 유감 표명과 재발방지 약속을 담은 것이다. 제4항은 "한반도 핵 문제의 포괄적인 해결을 위해 관련되는 모든 국제적 합의를 준수

할 것을 확인했다. 또 양측은 핵 문제와 미사일 문제를 포함한 안전보장상의 문제에 관해 관련 국가들 간의 대화를 촉진하고 문제 해결을 모색할 필요성을 확인했다" 였다. 미국의 요구로 들어간 내용이다. 조지 부시 행정부는 일본이 북한과 협상을 통해 배상하는 것을 원치 않았다. 북한을 압박해야 하는 상황에서 북일 관계가 개선되는 것은 바람직하지 않다고 생각한 것이다. 그래서 고이즈미에게 조지 W. 부시 대통령은 북한의 고농축우라늄HEU 개발에 대한 주의를 환기시키는 메시지를 전했다.[6]

이렇게 북일평양선언은 양국 사이 중대 문제를 포괄적으로 해결하는 방향을 담고 있었지만, 이후 제대로 실행되지 않았다. 김정일의 납치자 문제 인정으로 일본 내 대북 여론이 악화되었고, 제2차 북핵 위기가 발생하는 바람에 양국 관계는 제자리걸음을 하게 되었다.


## 미국 특사 방북과 제2차 북핵 위기

미 국무부 동아시아태평양 차관보 제임스 켈리James Kelly는 C-21 공군기를 타고 한국의 오산 공군기지를 출발했다. 2002년 10월 3일이었다. 미국 대통령 조지 W. 부시의 특사 자격이었다. 국무부의 대북 협상 대사 찰스 프리처드Charles Pritchard, 한국 과장 데이비드 스트라우브 David Straub 등이 그를 수행하고 있었다. 평양 순안공항에 도착했을 때 북한 외무성의 미주국 과장이 마중 나와 있었다. 고려호텔에 짐을 풀고

낮 12시 회담에 들어갔다. 상대는 외무성 부상 김계관이었다.

켈리는 북한이 고농축우라늄을 통해 핵무기를 생산할 수 있는 비밀 프로그램에 착수했다는 확실한 증거를 갖고 있다면서 이를 시인할 것을 요구했다. 하지만 증거는 제시하지 못했다. 북한의 미사일과 재래식 무기 등에 대한 우려도 제기했고, 인권 문제도 이야기했다. 1시간 가까이 발언했다. 듣고 있던 김계관이 휴회를 요청했다.

강석주 외무성 제1부상과 상의하고 돌아온 김계관은 비밀 핵프로그램은 없으며, 이는 미국 내 강경파들이 제기하는 근거 없는 의혹이라고 설명했다. 그러고는 북미 관계 발전 방안에 대해 논의할 것을 제안했다. 더는 회담의 진전은 없이 그날 회담을 마치고 양측은 만찬을 함께 했다.

10월 4일 아침 켈리와 김계관이 다시 만났다. 켈리는 전날 말했던 것을 보완해서 이야기했다. 고농축우라늄을 인정하라는 것이었다. 김계관은 미국이 북한에 대해 압살 정책을 추진하고 있다면서 비판했다. 역시 고농축우라늄 프로그램은 없다고 강조했다. 더는 회담이 진행될 수 없었다. 켈리는 최고인민회의 의장을 만난 뒤 오후 4시 강석주와 회담에 들어갔다. 강석주는 그날 새벽까지 군부와 군수 관계자 등과 회의를 했다. 결론은 미국에 강경하게 대응해야 한다는 것이었다. 강석주는 미국이 북한을 '악의 축'으로 지목하고, 선제 공격과 핵 공격의 대상으로 삼았다고 비판했다. 그러면서 "고농축우라늄보다 더한 것도 가질 수 있다"고 말했다. 서로 강경한 입장이어서 협상할 것은 없었다.

켈리는 강석주의 말을 북한이 고농축우라늄 프로그램을 인정한 것으로 간주했다. 켈리는 강석주가 고농축우라늄 프로그램을 인정했다는 내용의 전문을 평양의 영국 대사관을 통해 워싱턴에 보내고 10월 5일 오전 서울로 돌아왔다. 오후에는 대통령 외교안보특보 임동원, 외교통상부 장관 최성홍, 대통령 외교안보수석 임성준 등을 모아놓고 이를 알렸다. '강석주가 고농축우라늄 계획이 실재한다고 말했다'는 내용이었다.

임동원은 "북한 사람들의 과장되고 격앙된 발언을 그대로 받아들이는 데는 신중을 기할 필요가 있을 것"이라면서, "왜 우린들 핵무기를 가질 수 없느냐"는 식의 표현이 고농축우라늄 프로그램을 시인하는 것은 아니라고 지적했다. 여기에 대해 미 합동참모본부의 대표인 마이클 던 Michael Dunn 소장이 "미국 대표단원 중에는 한국어에 능통한 사람이 세 사람(두 통역과 스트라우브 과장)이 있는데 모두 동일하게 인식했으며, 북측에 반복 확인하여 틀림없다"고 말했다.[7]

미국은 북한과의 대화를 기록한 사본을 공유하자는 남한의 요구를 들어주지도 않았다. 켈리 방북 이후 열흘 정도 미 국무부 내에서는 논쟁이 이어졌다. 북한의 발언을 두고 강경파는 '북한이 고농축우라늄을 인정했으니 이제부터는 강력한 제재로 나가야 한다'고 주장했다. 국무부 군축 담당 차관 존 볼턴 John Bolton이 주도했다. 네오콘의 핵심이었다. 온건파는 '좀더 두고 보면서 북한과 대화를 해보자'고 했다. 켈리 방북 당시 북한은 미국이 대화를 시작하기만 하면 갖고 있는 사용 후 핵연료봉을 제3국으로 반출하겠다는 제안도 했다.[8]

북한은 1994년 북미제네바합의 당시 제1호 경수로의 주요 부품이 인도되기 시작하면 폐연료봉을 제3국으로 인도하기로 했다. 그런데 조지 부시 행정부가 북한과 대화를 시작하면 반출하겠다고 제안한 것이다. 켈리는 이런 제안은 무시하고 '고농축우라늄을 인정하라'고 압박하기만 했다.

이런 논쟁의 와중에 10월 16일 『USA투데이』에 북한이 고농축우라늄 프로그램을 인정했다는 내용의 기사가 보도되었다. 국무부의 강경파가 이 신문에 흘린 것이다. 그 순간부터 북한은 고농축우라늄 프로그램을 가진 국가가 되었다. 제2차 북핵 위기가 시작된 것이다. 『USA투데이』에 기사가 보도된 그날 미 국무부는 북한의 고농축우라늄 프로그램 추진을 발표하고, 11월 14일에는 한반도에너지개발기구KEDO 집행이사회는 중유 공급 중단을 결정했다. 1994년에 합의한 북미제네바합의를 폐기한 것이다. 이에 대해 북한은 12월 27일 국제원자력기구IAEA의 사찰관을 추방하고, 2003년 1월 10일에는 핵확산금지조약NPT 탈퇴를 선언했다.


## 북핵 해결을 위한 6자회담


미국은 북한에 고농축우라늄 프로그램을 인정하라고 압박했지만, 북한이 NPT를 탈퇴하고 핵개발의 수순을 밟는 것은 결코 달가운 것이 아니었다. NPT의 완전성을 해치는 것은 미국의 핵 정책에 치명적인 손상을 주는 것이었다. 북한과 접촉을 해야 했다. 북한도 무조건 핵개발의

2003년 8월 제1차 6자회담이 열렸지만, 북한과 미국의 신경전으로 인해 공동 발표문도 채택하지 못하고 끝나고 말았다. 이후 회담은 6차까지 계속되었다. 제1차 6자회담에 모인 각국 대표들.

길로 가겠다는 것은 아니었다. 미국과 양자 회담을 원했다. 미국과 직접 협상을 통해 문제를 해결하겠다는 것이다. 미국은 다자 회담을 원했다. 중국이 양측 사이에서 중재에 나섰다. 중국은 경제력이 향상되면서 동북아시아에서 영향력을 확대하기 위해 북핵 문제 해결을 위한 중재에 적극적으로 나섰다. 2003년 4월 북한, 중국, 미국의 3자회담이 열렸다. 이후 북한, 남한, 중국, 미국, 러시아, 일본의 6개국이 만나는 6자회담이 열리게 되었다.

제1차 6자회담은 2003년 8월 27~29일 중국 베이징에서 열렸다. 물론 핵심 당사국은 북한과 미국이었다. 북한에서는 외무성 부상 김영일이, 미국에서는 제임스 켈리가 수석대표로 참여했다. 켈리는 2002년 10월 방북 당시처럼 비밀 핵무기 프로그램은 북미제네바합의 위반이라고 비난했다. 그러면서 선先 핵 폐기를 주장했다. 김영일은 반발했다. 핵 폐기와 대북 지원을 동시에 추진해야 한다고 주장했다. 또, 미국이 대북 압살 정책을 실시하고 있다며, 핵 억지력을 보유하고 있다고까지 말했다. 핵무기를 의미하는 것은 아니었지만, 핵무기도 만들 수 있다는 내용이었다. 북한이 이미 밝힌 것처럼 "고농축우라늄보다 더한 것도 가질 수 있다"고 분명히 말했다.

6자회담 중간중간에 북미는 양자 접촉을 가졌다. 미국은 양자의 공식 회담은 안 된다고 했지만, 6자회담 내에서 접촉은 가능하다고 했다. 양자 접촉에서 북한은 미국 주장의 핵심인 선先 핵 폐기의 구체적인 내용을 확인하려고 했다. 미국은 핵 폐기는 긴 과정을 통해서 이루어지는 것이라고 설명했다. 북한은 핵 문제 해결 이후 미국이 대량살상무기 확산방지구상PSI과 같은 장치로 북한을 계속 압박하는 것은 아닌지 알고 싶어 했다. 미국은 불법 행위에 대해서는 엄중 대응한다는 취지로 말했다.[9]

다시 6자회담이 열렸지만, 북한과 미국은 신경전을 계속했다. 그래서 제1차 6자회담은 공동 발표문도 채택하지 못하고 끝나고 말았다. 제2차 6자회담은 2004년 2월에 열렸다. 구체적인 합의 사항을 만들어내지는 못했지만, 참가국들이 상호존중의 기초 위에서 대화를 통해 핵 문제를 평화적으로 해결한다는 데에는 합의를 이루었다. 제3차 회담은 2004년 6월, 제4차 회담은 2005년 7~8월 열렸다. 제4차 회담에서는 북미가 주요 합의에 이르러 9·19 공동성명을 발표했다. 이후 합의 사항 이행을 위한 제5차 회담과 제6차 회담까지 열렸으나 2007년 9월 제

6차 회담 이후 핵시설 검증의 구체적인 방법을 놓고 북한과 미국이 충돌하면서 더는 열리지 않았다.

6자회담은 제2차 북핵 위기를 해결하는 데에는 실패했지만, 핵 문제 해결을 위한 구체적인 합의를 이루어내는 데까지는 성공했다. 2005년 9·19 공동성명과 이를 실행하기 위한 2007년 10·3 합의 등은 북핵 문제를 해결할 수 있는 주요 합의였다. 문제는 이행에 있었다. 북미 사이의 심한 불신이 그 실천을 막았다. 따라서 6자회담은 북미 양자가 주요 합의를 이루고, 남한·일본·중국·러시아가 이를 보증하는 형태로 회담을 진행하면서 북핵 문제 해결의 능력을 보여준 회담이었다고 평가할 수 있다.

# 성악가가

## 본

## 2003년

김진국은 2003년 당시 북한에서 가장 유명한 성악가였다. 나이는 53세였다. 평양음악무용대학 교수로 학생들을 가르치며 2개월에 한 번 정도는 교양악단과 함께 공연을 했다.[10] 가르치는 학생은 10명 정도였고, 테너도 있고 소프라노도 있었다. 가르치는 게 힘들 때도 있지만, 학생들이 '뜨겁게 받아들이고 잘 받아먹는 것을 보면서' 보람도 느꼈다.

해외 공연을 나가기도 했다. 중국, 소련, 불가리아, 루마니아 등을 주로 다녔다. 조수미의 활동에 대해서도 듣고 있었다. 만난 적은 없지만 소식은 듣고 있었는데, 실제로 노래를 들어본 적은 없었다. 당시 북한 예술계의 분위기와 관련해 김진국은 국가에서 예술인들을 우대해주고 있고, 기량이 높을수록 더 큰 무대에 나갈 수 있으며, 열심히 하면 보장되는 것이 있다고 생각했다. 그래서 예술인으로서 긍지도 지니고 있었다.

김진국은 아들 하나를 두었다. 24세였고, 평양경공업대학 2학년이었다. 공연차 평양에 간 재미 피아니스트 임미정이 "음악을 왜 안 시키느냐"고 물었다. "소리는 괜찮지. 그런데 내가 노래해서 성공해봤으니까 내가 못해본 것 시키고 싶었어. 또 공과 계통이 현대 최첨단이니까 앞으로 좋을 것 같고 해서." 그의 답은 실용적이었다. 북한에서도 이공계를 전공해야 먹고살기가 수월했던 것 같다.

김진국은 1950년 량강도에서 태어났다. 어릴 적부터 '소리가 좋다'는 이야기를 듣긴 했지만, 음악가가 된 것은 우연한 기회를 통해서였다. 군복무를 하던 중이었는데, 하루는 성악 인재를 선발하는 팀이 왔다. '후비 육성 사업'이라는 이름으로 미래의 인재를 발굴·교육하는 작업의 일환이었다. 김진국은 〈인민의 마음속에 영원하리라〉라는 노래로 오디션을 보았는데, 뜻밖에 합격해 바로 평양으로 갔다. 피바다가극단에 들어갔다. 만수대예술단과 쌍벽을 이루는 북한 최고의 국립예술단이었다. 양성반에서 6개월간 훈련을 받고 평양음악무용대학 성악학부에 들어갔다. 이후 공부하면서 피바다가극단에서 오페라를 했다. 전국 예술인 개인 콩쿠르에서 1위를 하기도 했다. 그의 꿈은 "고저 우리 인민이 좋아하는 노래를 불러 사랑받는 거"였다.

1986년에는 모스크바에서 열리는 차이콥스키 콩쿠르에서 성악 부문 4위로 입상했다. 〈장산곶타령〉과 자코모 푸치니Giacomo Puccini의 〈라 보엠〉에 나오는 로돌포의 아리아 등을 불러 좋은 평가를 받은 것이다. 남북한을 합쳐 성악으로 입상한 것은 처음이었다. 남한의 정명훈은 1974년 피아노 부문에서 2위에 입상했고, 바리톤 최현수는 1990년 성악 부문 1위를 했다. 이후 이들은 국제무대에서 활동하면서 세계적인 음악가가 되었다.

김진국은 입상 후 귀국해서 김정일의 치하를 받았다. 김정일은 '조국의 경사'라며 피아노도 주고 '공훈배우' 칭호도 주었다. 특출한 공이 있는 예술가에게 주는 칭호였다. 김일성 앞에서 공연도 했다. 평양음악무용대학을 졸업한 후에는 국립교향악단 소속 독창가수가 되었다. 거기서 5년을 활동한 뒤 평양음악무용대학 교수가 되었다.

2003년 4월 공연을 위해 평양에 온 재미 성악가 두영균과 만났을 때 김진국은 발성에 대한 이야기를 했다. 10센티미터 정도밖에 안 되는 성대가 그들의 우주가 되었다. 그들만의 언어로 오랫동안 이야기를 나누었다. "더 열고!" "좁게!" "위로!" "아래로!" "아니, 거긴 넓혀야지!" 그러다가 갑자기 함께 고음을 내기도 했다. 미국에서 교육을 받았건, 평양에서 교육을 받았건 다를 바가 없었다.

음악의 각 분야 가운데 북한은 기악보다는 성악의 국제적 수준이 좀 높았다. 콩쿠르 입상자나 해외 공연을 하는 것을 보아도 성악은 그나마 활력이 있었다.

기악은 많이 약했다. 악기 탓이었다. 피아노도 평소 좋은 것으로 연습을 해야 몸의 근육도 제대로 형성되는 것인데, 북한은 그럴 만한 사정이 못 되었다. 바이올리니스트나 첼리스트는 악기에 의존하는 비중이 커서 북한에서는 힘든 분야였다. 김진국은 그런 점에서 행운아였다. 자신도 그것을 느끼고 있었다. 그래서 그는 후비 육성 사업에 열심이었고, 인민들이 좋아하는 노래를 정열적으로 불러 사랑을 받고 있었다.

2004~2005년

제3장

×××

합의와 금융 제재

## 세 번째 중국 방문

2004년 4월 18일 김정일은 중국 베이징으로 향했다. 2000년 5월, 2001년 1월에 이어 집권 후 세 번째 방중이었다. 물론 전용열차편이었다. 내각 총리 박봉주, 조선인민군 총참모장 김영춘, 국방위원회 부위원장 연형묵, 외무성 제1부상 강석주 등이 김정일을 수행했다. 18일 오전에 평양을 출발해 단둥丹東과 선양瀋陽을 거쳐 다음 날 오전 중국 댜오위타이釣魚臺에 도착했다. 오후에는 중국 국가주석 후진타오胡錦濤와 정상회담을 가졌다. 2003년 3월 국가주석에 오른 후진타오와는 첫 정상회담이었다. 우선 중국의 새로운 지도부와 얼굴을 익히는 자리가 되었다. 경제 지원과 6자회담 재개 등 주요 문제도 논의되었다.

김정일이 방중한 첫 번째 이유는 경제적 지원이었다. 식량과 원유 등에 대한 중국의 더 많은 지원을 김정일은 원했다. 또, 2002년 지정한 신의주특구 개발과 남포항 개발 등에 대한 중국의 지원을 요청했다. 두 번째는 경제개발의 방향을 찾아보기 위한 것이었다. 방중 기간 중 경공업 도시 톈진天津의 한 개발구를 찾았는데, 이는 북한 경제개발에 참고할 만한 것을 찾으려는 일정이었다. 박봉주는 모범 농촌단지를 방문했다. 이 또한 북한 농촌개발의 지향점을 마련하기 위한 방문이었다.

중국으로서는 북한의 6자회담 참여를 유도하는 것이 주요 이슈였다. 북핵 문제 해결에 기여해 동북아시아에서 정치적인 영향력을 확대하겠다는 것이 중국의 생각이었다. 6자회담은 2004년 2월 제2차 회담이 열린 이후로 제3차 회담을 열지 못하고 있었다. 북한의 소극성 때문이었다. 김정일보다 5일 먼저 베이징을 방문한 미국 부통령 딕 체니Dick Cheney가 중국 지도부에 적극적인 중재를 요청해놓은 상태였다. 후진타오는 김정일에게 미국의 입장을 충분히 전했다. 김정일은 6자회담을 통한 핵 문제의 평화적인 해결에 동의했고, 이는 방중 후 발표된 중국공산당 대외연락부의 공식 발표에도 포함되었다. 실제로 제3차 회담은 2004년 6월에 열리게 되었다. 그 대신 북한은 경제적인 지원을 얻었다. 식량과 원유 등을 지속적으로 지원받기로 한 것이다. 양국의 교역도 활성화하기로 했다. 또, 북한의 농업발전과 도시 건설 등에 대한 중국의 지원도 약속 받았다.[1]

김정일은 4일간의 방중 기간에 후진타오는 물론 총리 원자바오溫家寶, 전국인민대표대회 상무위원장 우방궈吳邦國, 정치협상회의 주석 자칭린賈慶林, 국가 부주석 쩡칭훙曾慶紅 등 중국 지도부의 핵심 인물들과 면담하고 중국공산당 정치국 상무위원, 정치국 위원, 후보위원 대부분을 만

2004년 4월 18일 김정일은 집권 후 세 번째로 중국을 방문해서 후진타오 중국 국가주석과 첫 정상 회담을 갖고 식량과 원유 등 경제적인 지원을 받아냈다.

났다. 2004년 4월 방중은 김정일으로서는 중국의 새 지도부와 관계를 돈독하게 할 수 있는 계기를 마련하고, 경제 지원도 상당 부분 확보한 성공적인 외교였다. 그래서 김정일은 귀국 직후 후진타오에게 전문을 보냈다. "중국의 새 영도 집단이 출범한 이후 처음 진행된 이번 상봉은 우리들 사이의 우정과 신뢰를 더욱 두터이하여 조·중 관계의 새로운 이정표를 마련한 획기적 계기로 됐다."(『조선중앙통신』, 2004년 4월 22일)

김정일이 비밀리에 중국을 방문하고, 중국 지도부의 핵심 인물들과 잇따라 면담하고, 경제적인 지원을 재차 약속 받고, 이러한 모든 과정이 종료된 뒤에야 공개되고, 귀국 직후 전문으로 후진타오에게 감사를 전한 것은 북중 관계가 세계의 다른 어떤 나라 사이의 관계와는 구분되는 '특수 관계'임을 다시 한 번 확인시켜주었다.

## 두 번째 북일정상회담

첫 번째 북일정상회담 이후 국교 정상화를 위한 회담이 진행되었지만, 양측의 입장 차이가 커서 중단되고 말았다. 정상회담 당시 합의에 따라 일본인 납북자 가운데 생존한 5명이 2002년 10월 일본을 방문하게 되었는데, 일본은 이들을 돌려보내지 않았다. 자신들의 의사에 따른 조치라고 설명했다. 일본은 이들의 가족까지 데려오려고 했다. 일본의 여론도 이 문제를 해결하라는 것이었다. 북한은 경제적인 지원이 아쉬웠다. 북한과 일본 사이 큰 회담이 필요한 상황이 되었다. 정상회담을 위한 교섭이 시작되었다.

2004년 4월에는 사전 정지 작업이 구체적으로 진행되었다. 전 자민당 부총재 야마자키 다쿠山崎拓가 비밀리에 중국을 방문해 북한의 북일 교섭 담당 대사 정태화, 외무성 부국장 송일호 등과 접촉했다. 룡천역 대형 폭발사고 직후인 4월 25일에는 일본이 10만 달러 상당의 의료품을 지원하겠다고 밝혔다. 게다가 일본은 식량 25만 톤도 지원하겠다고 약속했다. 그리고 납북자 가족 문제는 정상회담을 통해 풀기로 했다.

이런 과정을 거쳐 고이즈미 준이치로 총리는 2004년 5월 22일 두 번째로 평양을 방문했다. 대동강 초대소에서 김정일과 마주앉았다. 김정

2004년 5월 22일 두 번째로 평양을 방문한 고이즈미 준이치로 일본 총리는 생존 납북자의 가족을 데려가겠다고 말했다. 5월 22일 오전 평양 순안공항에 도착한 고이즈미 준이치로.

일은 납치자 문제에 대해 사과까지 했는데, 수교 회담이 제대로 되지 않았다고 실망감을 표했다. 고이즈미는 생존 납북자의 가족을 데려가겠다고 말했다. 가족은 모두 8명이었다. 김정일은 가족 가운데 3명은 데려가도 좋다고 했다. 하지만 3명은 그들의 의사를 직접 확인해보라고 했다. 주한미군으로 근무하다가 1965년 월북한 찰스 젱킨스Charles

Jenkins와 그의 두 딸이었다. 젱킨스는 월북 후 납북 일본인 소가 히토미 曾我ひとみ와 결혼했는데, 소가는 2002년 10월 일본 방문 당시 북한에 돌아가지 않고 일본에 남았다. 일본은 젱킨스와 두 딸도 데려가려 했지만, 북한은 젱킨스에게 북한에 남도록 종용하고 있었다.

고이즈미는 납북되었다가 사망한 사람이 8명이라고 했지만, 행방불명자가 2명 더 있다면서 이들 10명에 대한 정확한 진상조사를 요구했다. 김정일은 납치자 문제는 2002년 9월 정상회담으로 모두 해결된 거라면서도 필요하다면 재조사하도록 하겠다고 말했다. 이와 함께 고이즈미는 핵 문제 해결을 위한 6자회담 참가도 촉구했다. 김정일은 이에 대해 "부시와 함께 목이 쉬도록 노래 부르고 춤추고 싶다. 여러분 모두 반주를 잘해주기 바란다. 오케스트라는 여섯 명, 그렇게 하면 나와 부시의 이중창도 잘될 것이다"라고 비유적으로 말했다. 6자회담이 잘 진행되어 미국과의 관계가 개선되기를 바란다는 이야기였다. 하지만 미국의 대북 적대 정책이 바뀌어야 한다는 이야기도 덧붙였다.[2]

회담은 1시간 30분 만에 끝났다. 일본이 얻은 것은 납북 사망자·실종자 재조사, 납북자 가족 5명 귀환이었다. 북한의 미사일 발사 유예를 재확인하고, 6자회담에 참여하겠다는 의사도 확인했다. 북한에 대한 식량과 의료품 지원의 대가였다. 고이즈미는 회담 후 젱킨스와 두 딸을 만났지만, 그들은 일본행을 여전히 망설이고 있었다. 이들은 2개월 후인 2004년 7월 일본에 입국해 소가 히토미와 재회하고 일본에 정착했다.

이후에도 북일 관계는 정상화의 길로 가지 못했다. 일본이 주장하는 납치자 10명에 대한 진상조사가 제대로 이루어지지 않았고, 그에 따라 일본의 여론은 수교에 대해 신중해야 한다는 것이었다. 납치자 문제 해결이 우선이라는 것이다. 그러한 국내 여론에 따라 일본은 6자회담에서도 핵 문제와 함께 납북자 문제를 다루려고 했다. 그러면서 북일 관계는 활로를 찾지 못하게 되었다.

## 탈북자 468명 입국

2004년에 베트남 내 탈북자는 크게 증가했다. 호찌민HoChiMinh을 비롯한 베트남의 대도시는 늘어나는 탈북자를 수용할 만한 시설이 부족했다. 베트남은 "남한으로 데려가라. 그렇지 않으면 중국으로 돌려 보내겠다"고 남한 정부에 전했다.[3] 남한 정부가 떠맡지 않으면 이들이 베트남 입국 전에 머물던 중국으로 돌려보내겠다는 것이다. 남한 정부는 협상에 나서지 않을 수 없었다. 양국의 외무장관이 몇 차례 만났다. 남한이 북한에 지원할 쌀 30만 톤 가운데 10만 톤을 베트남에서 구입하기로 했는데, 이는 협상 과정에서 베트남의 적극적인 협조를 얻기 위한 조치였던 것으로 보인다. 협상 결과 베트남에 있는 탈북자 468명을 남한으로 데려오기로 했다.

468명은 1진과 2진으로 나뉘어 입국했다. 2004년 7월 27일 227명, 28일 241명이 잇따라 입국했다. 한꺼번에 이렇게 많은 탈북자가 입국한 것은 처음이었다. 여성과 어린이도 다수 포함되었다. 남한 정부가 특별기까지 제공해 이루어진 것이었다. 그 바람에 2004년 남한에 입국한 탈북자는 1,898명으로 2,000명에 육박했다. 2005년에는 1,384명으로 줄었다가 2006년에는 2,028명으로 늘었고, 이후 계속 증가해 2009년에는 2,914명으로 정점을 이루었다. 이후 약간씩 줄다가 2012년부터는 1,500명대로 감소했다.

남한 정부는 탈북자와 관련해서는 '조용한 외교Quiet Diplomacy'를 지향해왔다. 관련 국가와 소리 나지 않게 협상해 탈북자를 데려오는 것이었다. 하지만 2004년의 탈북자 대거 입국은 그러한 정책과는 거리가 있었다. 정부가 적극적으로 홍보한 것은 아니지만, 결과적으로 세계 언론에 주요 기사로 보도되었고 많은 관심을 받았다. 실제 남한 정부로서는 탈북자의 대거 입국이 많은 북한 주민의 선택을 받는 것이라고 볼 수 있는 것이기 때문에 나쁠 것은 없었다.

하지만 대규모의 탈북자 입국은 북한을 자극했다. 북한은 남한 정부에 의한 기획 탈북이라면서 반발했다. 7월 24~26일 금강산에서 8·15 남북공동행사를 위한 실무 접촉이 있었는데, 여기서 북한은 두 차례나 강력하게 유감을 표명했다. 베트남을 비롯한 동남아시아 국가들도 탈북자에 대한 경계를 강화했다. 북한과의 관계도 고려해야 하는 제3국은 그럴 수밖에 없었다.

남한 정부는 남한에 입국을 희망하면 모두 수용한다는 방침이었다. 지금도 마찬가지다. 북한 주민도 동포이고, 헌법상으로는 대한민국 국민이어서 그런 방침이 옳기도 하다. 하지만 방법론 차원에서는 고민을 해야 하는 것이 현실이기도 하다. 정부가 특별기까지 동원해 한꺼번에 많은 탈북자를 입국시키는 것은 장기적으로 득보다는 실이 많다. 북한을 자극하면 국경의 경계를 강화하고, 탈북자들이 머물고 있는 제3국도 탈북자 정책을 강화할 수밖에 없다. 그런 점에서 2004년의 탈북자 대거 입국은 남한의 탈북자 대응책에 많은 과제를 던져주는 사건이었다.

## 핵무기 보유 선언

2005년 2월 10일, 음력으로 정월 초이틀이었다. 사람들은 설연휴를 즐기고 있었다. 설연휴 마지막 날의 평화로운 분위기는 북한에서 나온 성명으로 뒤흔들렸다. 외무성 성명이었다. "자위를 위해 핵무기를 만들었다"는 내용이다. 그동안 '핵보다 더한 것도 갖고 있다', '핵 억지력을 갖고 있다' 등의 모호한 발언으로 핵무기 보유 가능성을 말한 적은 있지만, '핵무기를 만들었다'라고 말한 적은 없었다. 외무성의 공식 성명으로 핵 보유를 선언한 것이다.

외무성 성명은 "2기 부시 행정부는 대통령 취임 연설과 연두교서, 국무장관의 인준 청문회 발언 등을 통해 우리와는 절대 공존하지 않겠다는 것을 정책화했다"면서 자신들이 핵 보유를 밝히는 것은 이러한 미국의 대북 압박 정책에 대응하기 위한 것이라고 말했다. 북한의 대외적 입장 표명은 대변인 대답, 대변인 담화, 대변인 성명, 성명 등 4가지로 나뉘는데, 핵 보유 선언은 그 가운데 가장 높은 외무성의 '성명' 형태로 발표되었다. 그만큼 중량감을 실으려고 한 것이다.

당시 상황은 2004년 6월 이후 6자회담이 열리지 못하고 있었다. 미국은 협상을 통해 핵 문제를 풀 생각이 없었고, 북한은 보상 없이 일방적으로 무장해제 당하지는 않겠다고 주장했다. 이런 줄다리기만 하고 있을 뿐 협상의 장은 마련되지 않았다. 그래서 북한은 핵 보유를 선언하는 외무성 성명에서 "6자회담 참가 명분이 마련되고 회담 결과를 기대할 수 있는 충분한 조건과 분위기가 조성되었다고 인정될 때까지 불가피하게 6자회담 참가를 무기한 중단할 것"이라며 6자회담 불참도 선언했다.

남한 정부는 긴급 대응에 나섰다. 그날 오후 국가안전보장회의NSC를 열었다. "북한의 핵능력 강화 언급은 문제 해결에 도움이 안 된다"면서 "북핵은 용인하지 않겠다"는 입장을 분명히 밝혔다. 룩셈부르크를 방문 중이던 콘돌리자 라이스Condoleezza Rice 미 국무장관은 기자회견을 열고 "북한의 국제적 고립을 심화시킬 뿐이기 때문에 특히 북한 주민에게 불행을 가져오는 조치"라고 비판했다. 많은 나라가 비판적 시각을 내놓았지만, 그렇다고 뾰족한 수가 있는 것은 아니었다.

그런데 북한은 그 시점에 왜 핵무기 보유 선언이라는 강수를 두었을까? 첫째는 미국의 대북 강경책을 변화시키려는 의도였다. 조지 부시 행정부는 '잘못된 행동에 대한 보상은 있을 수 없다'면서 북한과의 협상에 부정적인 입장을 견지했다. 국제 공조를 통한 대북 제재가 대북 정책의 중심이 되어야 한다는 인식을 갖고 있었다. '선先 핵 폐기'를 주장한 것이다. 이를 파악하고 있던 북한은 수위 높은 성명으로 미국에 충격을 주어 정책의 변화를 얻어내려고 했다.

둘째는 미국의 관심을 집중시키려는 의도도 있었다. 미국은 그동안

이라크와 아프가니스탄 등의 문제에 집중하면서 북핵 문제에는 관심을 덜 쏟았다. 북한으로서는 그런 상황이 불만이었다. 관심을 집중시켜 그들이 원하는 체제 안전과 경제적 지원을 얻어야 했다. 그런 점에서 강수 선택은 미국의 주목을 끌어 해결책을 찾아보겠다는 의도가 짙게 들어 있었다.

북한의 핵 보유 선언은 남한·미국·일본 등의 강한 반발을 샀지만, 다른 한편으로는 '어떤 식으로든 북핵 문제를 해결해야 하는 것 아니냐'는 인식을 강화시켜주기도 했다. 특히 중국으로 하여금 문제 해결에 적극적으로 나서도록 했다. 중국은 2월 19일 왕자루이王家瑞 중국공산당 대외연락부장을 평양에 파견해 김정일을 만나도록 했다. 김정일에게 6자회담 복귀를 촉구하는 후진타오의 친서를 전했다. 이러한 과정을 거쳐 7월 26일에는 제4차 6자회담이 열리게 되었고, 9월 19일에는 북핵 문제 해결을 위한 합의가 마련되었다.


## 종합시장 통제

2005년 하반기부터 북한은 종합시장을 통제하기 시작했다. 시장의 개장 시간을 제한하고, 장사할 수 있는 나이를 제한하며, 팔고 사는 품목을 제한하는 등 다양한 방법으로 통제에 나섰다. 남한 상품과 중국 상품 거래를 통제하고, 쌀 거래를 금지하기도 했다. 2006년을 거쳐 2007년부터는 통제가 본격화되었다. 50세 미만 여성은 장사를 못하게 했다. 시간과 품목에 대한 제한도 훨씬 강화했다. 2008년에는 종합시장을 철폐하고 아예 농민시장으로 전환하려고 하기도 했다. 이렇게 통제는 점점 강화되어 2009년 11월 말에는 화폐개혁과 함께 시장을 한동안 폐쇄하기까지 했다.

이렇게 북한이 시장에 대한 통제를 강화한 데는 크게 3가지 원인이 있었다. 첫째는 자본주의 바람에 대한 우려였다. 남한 상품 등이 비교적 자유롭게 팔리면서 자본주의에 대한 긍정적인 인식이 확산될 가능성이 있었다. 시장에서 부를 축적한 사람들이 생겨나 평등과 집단주의를 기저로 하는 사회주의 자체를 흔들 가능성도 있었다. 그에 따라 주민들의 사상성은 더욱 약화될 수 있었다.

둘째는 사회의 이완 현상 심화였다. 시장이 활성화되고 주민들의 이동이 잦아지면서 북한 당국의 통제력은 약화되었다. 철저한 통제에 의해 일인 지배 체제를 유지해온 북한으로서는 수용하기 어려운 현상이었다. 셋째는 노동력 부족 현상이었다. 주요 노동력이 시장으로 빠지면서 실제 생산현장에서 일할 수 있는 노동력이 줄어들고 있었다.

문제는 이렇게 당국이 통제해도 그 통제가 크게 효과를 발휘하지 못했다는 것이다. 배급제가 복원되지 않은 상황에서 시장을 통제하는 것은 시장에 의존하고 있던 주민들에게는 생존에 대한 위협이었다. 그래서 반발이 심했다. 이를 알고 있는 당국의 하위 조직에서는 묵인하는 경우가 많았다. 또 방문 판매나 전단지를 통한 판매, 이동하면서 물건을 파는 메뚜기 장사 등 여러 형태로 상인들은 단속을 피했다.[4]

북한 당국도 그런 사정을 알고 있었다. 2007년 10월 당중앙위원회는

'시장에 대한 인식을 바로 가지고 인민의 이익을 침해하는 비사회주의적 행위를 저지하자'라는 문건을 전국의 당 조직에 배포했는데, 거기서 "아무리 발전된 사회주의 공업국가에서도 인민 생활에 필요한 상품이나 농산물 등을 전부 국가가 생산 공급하기는 곤란하다"라면서 "발전된 공업국가일수록 농민시장을 상점화하지 않으면 안 된다"고 밝혔다.[5] 시장을 단속하면서도 시장의 필요성은 인정하고 있었던 것이다.

시장의 기능을 축소하는 방안으로 국영상점을 활성화하려는 시도도 했다. 종합시장 주변에 국영상점을 세우고 여기서 종합시장과는 다른 상품들을 팔도록 했다. 종합시장은 과거 농민시장처럼 농산물이나 가내수공업에 의한 제품만 팔게 하고 나머지는 국영상점에서 거래하도록 하려는 것이었다. 하지만 당국의 의도대로 되지 않고 단속과 통제에도 시장은 작아지지 않았다. 주민들에게는 시장이 절실하게 필요했기 때문이다.


## 조용필의 평양 공연


2005년 8월 23일, 평양 보통강변의 류경정주영체육관에서 레이저 광선과 현란한 조명 속에서 조용필은 열창했다. 초대형 스크린, 화려한 조명, 첨단 리프트까지 갖춘 무대였다. 7,000명에 이르는 관객은 요란하지 않았다. 남자들은 대부분 흰 와이셔츠에 넥타이를 매고 있었고, 여자들은 원색의 한복을 입고 있었다. 괴성을 지르는 사람도, "오빠!"

를 외치는 사람도 없었다. 하지만 노래가 끝나면 박수를 쳤다. 예의바른 학생들 같았다.

　그렇게 조용필은 평양에서 공연을 했다. '조용한' 관객들에게 좀 당황스럽기도 했지만, 사전에 북한 사람들은 공연 중간에 좀처럼 박수치거나 노래를 따라하지 않는다는 이야기를 들어서 이내 적응했다. 〈황성옛터〉, 〈봉선화〉 등을 부를 때는 모범생 관객들도 박수를 치며 호응했다. 북한 가곡 〈자장자장〉, 〈험한 풍파 넘어 다시 만나리〉도 좋아했다. 〈자장자장〉은 남북이 모두 동심의 세계로 돌아가보자는 취지로, 〈험한 풍파 넘어 다시 만나리〉는 이산가족찾기 주제가 같은 느낌에 멜로디도 익숙해 선택한 곡이었다. 조용필은 북한 노래 2곡을 불러달라는 북한의 요청을 받아 120곡을 들어보고 그 가운데 2곡을 고른 것이다.

　조용필은 2005년 초 '제주에서 평양까지'라는 타이틀로 전국의 월드컵경기장 순회공연을 시작했다. 평양에도 공연을 타진했다. 아시아태평양평화위원회가 수락 의사를 전하면서 공연이 이루어지게 되었다. 장비는 모두 육로로 평양까지 옮겼다. 악기, 음향 장비, 조명, 무대 미술장치 등 모든 것을 가져가서 화려하게 꾸몄다.

　평양 사람들은 놀랐다. 화려한 무대에 놀랐고, 조용필의 열창에 감동했다. 조용필의 일행이 북한 사람들과 식사를 하는 자리에서 공연이 어땠느냐고 물었다. 처음에는 말을 안 했다. 한참 있다가 북한 사람들이 되물었다. 그래서 "감동적이었다"고 답했다. 그러자 북한 사람은 "우리는 세 배라고 생각하면 됩네다"라고 말했다.[6] 절제된 모습을 보였지만 마음속으로는 신나고 재미있었던 것이다.

조용필은 2005년 8월 23일 평양 보통강변의 류경정주영체육관에서 단독으로 공연을 했다. 남한 가수로서는 세 번째 공연이었다. 8월 3일 서울 프레스센터에서 기자회견을 하고 있는 조용필.

공연관람권은 북한 문화성에서 무료로 나눠주었는데, 표를 구하지 못한 사람들이 암표를 30달러에 사기도 했다고 한다. 근로자 한 달 임금의 20배나 되는 금액이었다. 표를 두고 난투가 벌어지기도 했다. 공연이 끝난 뒤에는 〈친구여〉, 〈허공〉 같은 조용필의 노래를 배우려는 사람이 많았다고 한다.[7] 평양에 도착했을 때 순안공항에 마중 나온 아시아태평양평화위원회 부위원장 리종혁이 '여기는 오빠부대가 없다'고 했지만, 마음속으로 '오빠'를 외치는 사람은 많았던 것 같다.

공연 다음 날 만난 최고인민회의 상임위원장 김영남은 "통일 역사에 한 페이지를 크게 장식했다"고 말했다. 김정일이 음악을 좋아한다는 이야기도 전해주었다. 조용필 공연은 조선중앙TV 촬영팀이 나와 카메라 5대로 촬영했는데, 김정일이 공연장에서 들어오는 화면을 실시간으로 보고 있다는 이야기도 들렸다고 한다.

북한이 남한 가수를 단독으로 초청한 것은 김연자와 이미자에 이어 조용필이 세 번째였다. 김연자는 2001년과 2002년에 공연했고, 이미자도 2002년에 공연했다. 김정일이 특별히 그의 노래를 좋아했다고 한다. 모두 남북의 관계가 좋을 때였다. 조용필의 공연도 일회성으로 끝났다. 장기적으로 이어지면 남북이 가까워지는 데 큰 기여를 할 수 있었지만, 남북 관계가 아직 그런 것을 허용하지 않았다. 하지만 많은 사람이 호응할 수 있는 대중음악으로 평양에서 공연하고 평양 시민들의 큰 공감을 얻음으로써 추후 유사한 형태의 문화교류를 촉진할 수 있는 좋은 선례가 된 것은 분명했다.


## 9 · 19 공동성명


미국의 대북강경책을 이유로 6자회담에 불참한 북한은 중국의 적극적인 중재로 2005년 7월에야 회담에 나왔다. 7월 26일 베이징 댜오위타이 국빈관에서 제4차 6자회담이 시작되었다. 북한에서는 외무성 부상 김계관이 나왔고, 남한 대표는 외교통상부 차관보 송민순, 미국 대표는 국무부 동아시아태평양 차관보 크리스토퍼 힐Christopher Hill, 중국 대표는 외교부 부부장 우다웨이武大偉, 일본 대표는 외무성 아시아대양주 국장 사사에 겐이치로佐佐江賢一郎, 러시아 대표는 외무부 차관 알렉산드르 알렉세예프Alexander Alekseyev였다.

회담 쟁점은 크게 4가지였다. 핵 폐기와 대응 조치의 순서, 핵 폐기의 범위, 핵의 평화적 이용권, 경수로 제공 등이었다. 북한은 핵 폐기와 안전 보장과 에너지 공급 등의 상응 조치가 동시에 진행되어야 한다고 주장했다. 핵 폐기의 범위도 최소화해 현존하는 것 중심이 되어야 하고, 핵의 평화적 이용권은 보장되어야 한다고 주장했다. 경수로 제공도 합의 이후 바로 시작되어야 한다고 주장했다. 중국과 러시아는 대체로 이런 북한의 의견을 지지해주었다.

미국은 반대했다. 핵 폐기가 먼저 이루어져야 하고, 현존하는 핵시설뿐만 아니라 핵 프로그램 자체를 없애야 하며, 핵의 평화적 이용권 인정에도 부정적이었다. 경수로 제공은 북한이 핵확산금지조약으로 돌아오고 국제원자력기구의 사찰관을 받아들일 때 할 수 있다고 했다. 남한과 일본은 대체로 미국과 같은 의견이었다.

북한도 미국도 쉽게 양보하지 않았다. 7월 26일에 시작된 회담은 8월 7일까지 계속되었다. 하지만 결론을 내지 못했다. 9월 13일에 회담이 다시 시작되었다. 막판까지 문제가 된 것은 경수로 제공이었다. 북한은 이를 합의문에 넣어야 한다고 주장했다. 미국은 반대했다. 경수로 제공 시점은 계속 문제가 되었다. 9월 19일에 합의 없이 우여곡절 끝에 공동선언이 발표되었다. '9·19 공동성명'이다.

그 핵심 내용을 살펴보자. 1항에서 규정한 "북한은 모든 핵무기와 현존하는 핵 계획을 포기할 것과 조속한 시일 내에 NPT와 IAEA의 안전

2005년 7월 26일 제4차 6자회담의 최대 쟁점은 핵 폐기와 대응 조치의 순서, 핵 폐기의 범위, 핵의 평화적 이용권, 경수로 제공 등이었다. 미국 대표인 국무부 동아시아태평양 차관보 크리스토퍼 힐.

조치에 복귀할 것을 공약했다"라는 내용이 선언문의 핵심이다. 북한이 핵무기·핵시설·핵 프로그램을 모두 없애기로 한 것이다. 핵 폐기의 범위와 관련해 미국은 당초 '모든 핵무기와 모든 핵 계획을 포기할 것'으로 하자고 했지만, 북한이 반발해 '모든 핵무기와 현존하는 핵 계획을 포기할 것'으로 했다.

북한의 핵 포기에 대응해 미국과 당사국들이 제공하는 것은 2가지였다. 첫째, "미국은 한반도에 핵무기를 갖고 있지 않으며 핵무기 또는 재래식 무기로 북한을 공격 또는 침공할 의사가 없다는 것을 확인했다"(1항)라는 공동선언의 문구가 보여주는 것처럼, 미국은 북한에 대해 소극적인 안전 보장을 약속했다. 둘째, "북한은 핵에너지의 평화적 이용에 관한 권리를 가지고 있다고 밝혔다. 여타 당사국들은 이에 대한 존중을 표명했고, 적절한 시기에 북한에 대한 경수로 제공 문제에 대해 논의하는 데 동의했다"(1항)라고 명기해 핵에너지의 평화적 이용권에 대해 일정 부분 인정했고, 경수로도 제공하기로 했다. 하지만 '적절한 시기'가 문제였다. 여기에 대한 분명한 합의가 없었다.

"북한과 미국은 상호 주권을 존중하고 평화적으로 공존하며 각자의 정책에 따라 관계 정상화를 위한 조치를 취할 것을 약속했다"(2항)고 함으로써 북미는 장기적으로 수교까지 추진하기로 했다. 별도의 포럼에서 한반도의 항구적 평화 체제에 관한 협상도 갖기로 했고, 북일 간의 관계 정상화를 위한 조치도 취하기로 했다. 북한은 핵을 포기하고, 미국이 안전 보장과 경수로, 관계 정상화 등을 제공하는 구조가 1994년의 북미제네바합의와 유사했다. 1994년에 합의한 것을 지키지 못하고 다시 협상을 시작해 비슷한 합의를 만들어낸 것이다.

하지만 어려운 과정을 통해 만들어낸 9·19 공동성명도 경수로 제공의 시기를 정하지 않아 문제에 봉착했다. 미국은 모호한 시기를 그대로 남겨놓지 않으려고 마지막 날 크리스토퍼 힐이 폐막 성명에서 "적당한 시기로 되어 있는 것은 북한이 모든 핵무기와 핵 계획을 검증 가능한 형태로 폐기하고 NPT에 재가입하며 IAEA의 사찰을 받고 난 뒤를 의미한다"고 말했다. 이에 대해 김계관은 즉각 반발하며 "간신히 산에 올라왔다고 생각했는데, 더 높은 산이 있다는 느낌을 갖게 된다"고 말했다. 다음 날인 9월 20일 외무성 성명에서는 "경수로 제공 전에 북한이 핵 억지력을 포기하는 것은 꿈도 꾸어서는 안 된다"고 강조했다. 경수로

가 먼저라고 역설한 것이다.

이러한 인식 차이 때문에 9·19 공동성명을 이행하는 것은 매우 어려운 일이었다. 11월 9일에는 제5차 6자회담을 열어 양측의 입장 차이를 줄이려는 시도를 했다. 하지만 회담은 1년 이상 터덕거렸다. 그러다가 2007년 2월에 이르러서야 구체적인 이행 방안에 합의했다.

## 미국의 금융 제재

미국은 한편으로 북한과 6자회담을 통해 북핵 문제를 해결하려고 하면서 다른 한편으로 북한의 자금줄을 막는 작업을 진행했다. 북한이 무기 거래나 위조지폐 제조 등을 통해 조성한 자금이 돈세탁 과정을 통해 북한으로 흘러들어간다고 보고 이를 차단하려고 한 것이다. 그렇게 하면 북한이 핵과 미사일을 개발하는 자금을 확보하기 어렵게 될 것이라고 생각했다.

2005년 9월 미국이 직접 겨냥한 곳이 마카오의 은행 방코델타아시아Banco Delta Asia, BDA였다. 50개가 넘는 북한의 기관들이 이 은행과 거래하고 있었다. 북한 정권의 통치자금을 관리하는 조선노동당 39호실 산하의 조광무역도 그중 하나였다. 미국은 이 은행을 통해 북한이 돈세탁하는 것으로 파악하고 있었다.

미국은 9월 15일 애국법USA Patriot Act 제311조에 따라 BDA를 '돈세탁 우려 대상'으로 지정하고, 20일에 이를 관보에 게재했다. 9·19 공동성명 바로 다음 날이었다. 그에 따라 미국의 금융기관들은 BDA와 거래를 중단했다. 싱가포르와 스위스 등지의 은행들도 BDA와 거래를 중지했다. 그러자 BDA에 예금을 갖고 있는 개인과 기업들이 예금을 한꺼번에 인출하려고 했다. 이를 우려한 마카오 금융 당국은 긴급조치로 BDA의 예금을 동결했다. 예금을 찾지 못하도록 한 것이다. 그래서 BDA의 도산을 막을 수 있었다. 그러자 북한의 자금 2,500만 달러도 동결되었다. 미국은 애국법에 따라 '돈세탁 우려 대상'으로 지정했을 뿐인데, 예금이 동결된 것이다. 그것이 기축통화 달러를 자국화폐로 갖고 있으면서 국제금융가에 영향력 있는 수많은 금융기관을 보유한 미국의 힘이었다.

2,500만 달러는 김정일의 통치자금이었던 것으로 보인다. 누구도 이를 확정적으로 이야기해줄 수 없지만, 북한의 태도가 이를 짐작할 수 있게 해주었다. 2005년 11월 제5차 6자회담이 재개되었을 때 김계관은 "금융은 피와 같은 것이다. 금융이 멎으면 심장이 멎는다"고 말했다. 그런데 그의 말은 매우 절실한 것이었다. 일본 대표단의 한 사람은 "김계관의 발언은 몸 안에서 짜낸 절규처럼 들렸다. 북한이 처음으로 정말 약한 모습을 보인 순간이라고 느꼈다"고 당시의 상황을 설명해주었다.[8] 김계관은 북미 양자 회담에서도 '그 자금을 돌려주기 바란다'고 반복적으로 이야기했다. 그렇게 김계관을 쩔쩔매게 만든 것은 돈의 정체가 김정일의 통치자금이었기 때문이다.

북한은 금융 제재 해제를 요구하며 9·19 공동성명 이행 조치 논의를 거부했다. 미국은 금융 계좌를 동결한 것은 마카오 금융 당국이며,

이는 6자회담과는 별개의 문제라며 이행 조치 논의를 촉구했다. 그러면서 대북 경제제재를 강화해나갔다. 2006년 3월에는 스위스의 공업물자 도매회사 '코하스 AG'와 이 회사 대표의 미국 내 자산을 동결했다. 북한의 대량살상무기 확산 활동을 지원했다는 것이다. 5월에는 미국 기업들이 선박을 북한 선적으로 등록하지 못하도록 했다. 북한의 대외 거래는 점점 어려워졌다. 그러면서 양국 관계는 해결점을 찾지 못하고 악화되어갔다.

북한은 미국과의 양자 협상을 계속 타진했지만, 미국은 냉담했다. 그런 상황에서 북한은 자신들의 전통적 문제 해결 방안인 '벼랑 끝 전술 brinkmanship'을 구사했다. 2006년 7월 5일 장거리 로켓을 시험 발사하고, 10월 9일에는 사상 처음으로 핵실험까지 하기에 이른다.

# 미국 학자가
## 관찰한
### 2005년

미국 국제정책센터의 선임연구원 셀리그 해리슨Selig Harrison은 오랫동안 북한을 관찰했다. 『워싱턴포스트』에서 기자로 일할 때부터 동북아시아와 북한 문제를 탐구하기 시작해 연구자로 변신해서도 같은 주제로 현장 답사와 연구를 계속했다. 1972년부터 2002년까지 7번이나 북한을 방문하고, 김일성도 만났다. 해리슨이 2005년 4월 5일부터 5일 동안 다시 평양에 들어갔다. 2004년 6월 제3차 6자회담이 열린 이후 북미가 공방을 계속하고 있을 뿐 대화의 장을 마련하지 못하고 있었다.

해리슨은 평양에서 짧은 기간에 주요 인물을 여럿 만나 그들의 속내를 들어보았다.[9] 먼저 최고인민회의 상임위원장 김영남을 만났다. 1시간 동안 이야기했다. 그는 북한을 '폭정의 전초기지outpost of tyranny'라고 말한 미 국무장관 콘돌리자 라이스가 그 발언을 철회해야 한다고 말했다. 라이스는 2005년 1월 국무장관 인준 청문회 자리에서 그렇게 말했다. '북한은 주권국가'라는 또 다른 라이스의 언급에 대해서는 "그녀의 위협적인 다른 말들 때문에 이 말의 의미는 사라졌다"고 말했다. 그러면서도 김영남은 미국이 '폭정의 전초기지'라는 말을 철회할 준비가 되어 있지 않다면, 다른 방법이 있을 수도 있다며 그 길을 발견하는 것은 미국 몫이라고 밝혔다. 미국에 대해 강력한 어조를 유지하고 있으면서도 미국이 적절하게 손짓을 하면 6자회담에 나갈 수 있다는 의미였다.

"핵무기를 만들었다고 하는데 핵실험도 안 해보고 핵무기가 작동하는지 어떻게 알 수 있냐?"는 해리슨의 질문에 김영남은 "관계 당국이 준비를 잘 해왔기 때문에 작동하는 것"이라고 답했다. 핵실험을 하지 않고도 작동할 수 있을 정도의 핵무기를 만들어놓았다는 듯이 말했다.

미국과의 관계를 실질적으로 책임지고 있는 외무성 제1부상 강석주도 만났다. 2시간 동안 면담했다. 강석주는 6자회담에 나가기 위해서는 미국이 북한에 '뜀판'을 만들어주어야 한다고 강조했다. 북한과의 평화적 공존, 북한의 영토 보전, 북한에 대한 주권 존중 등을 만나서 직접 언명해주어야 한다는 것이었다. 그래야 군대와 인민들을 설득할 수 있는 명분이 생긴다는 이야기였다. 이는 6자 회담의 전제 조건이라기보다는 대화를 위한 최소한의 요건이라고 강조했다. 그동안 미국이 북한에 대해 적대 정책을 추진해왔기 때문에 그 부분에 대해 해결해야 대화가 이루어질 수 있다는 것이었다.

핵무기와 관련해서는 김영남과 좀 다른 뉘앙스로 말했다. 핵실험을 위한 최선의 시기를 찾고 있다고 한 것이다. 핵탄두를 운반하는 미사일 시험 발사도 적절한 시기에 할 것이라고 말했다. 결과적으로 북한은 강석주의 말대로 장거리 로켓과 핵실험을 했다. 강석주가 말한 '최선의 시기'란 북미 관계가 악화되어 북한이 매우 강경한 조치를 취할 필요가 있을 때였다. 북한은 강석주의 이 말이 있은 지 1년 3개월 만에 장거리 로켓 시험 발사를 하고, 3개월 뒤 핵실험을 했다.

강석주는 해리슨에게 영변 핵단지에서 가동 중이던 5메가와트 원자로를 가동 중단하고 폐연료봉 제거 작업을 4월 중에 시작할 것이라고 말했다. 북한은 제2차 북핵 위기가 시작된 이후 2003년 2월 중순 5메가와트 원자로 재가동에 들어갔다. 그리고 이미 꺼내 놓은 폐연료봉 8,000개는 재처리해 플루토늄을 추출했다. 재가동을 시작한 지 2년 2개월 시점인 2005년 4월에 다시 원자로 가동을 중단하고 폐연료봉 제거 작업을 하겠다고 한 것이다(북한은 5월 11일 연료봉 8,000개를 모두 꺼냈다고 발표했다). 해리슨은 외무성 미주 국장 리근도 만났는데, 그도 같은 이야기를 했다. 곧 할 것이라는 이야기는 그전에 미국과 대화가 시작되면 안 할 수도 있다는 말이었다.

해리슨은 군부의 의견을 정확히 알아보기 위해 조선인민군 판문점 대표부 대표 리찬복 상장(중장)도 면담했다. 2시간 동안 의견을 교환했다. 미국이 북한에 대한 제재를 강화해 해상봉쇄를 가한다면 이는 휴전협정 15조 위반이며 이에 대해서는 군사적으로 보복할 권리가 있다고 주장했다. 그것은 전쟁의 시작을 의미하는 것이라고도 말했다. 핵무기와 관련해서는 핵실험이 필요 없다고 말했다. 실험 없이도 핵 억지력은 작동하고, 미사일에 탄두를 실어 어디든 원하는 곳을 공격할 준비가 되어 있다고 강조했다. 핵무기를 공중에서 낙하시키는 방법은 생각하지 않고 있으며 미사일로 발사하면 된다고 말했다.

군부의 강경한 입장을 리찬복의 언급을 통해 파악할 수 있었다. 핵실험도 필요 없을 만큼 핵무기가 준비되어 있다는 어조였다. 김영남도 유사한 입장이었다. 하지만 강석주는 핵실험의 시기를 저울질하고 있다고 말했다. 핵실험 전에 대화할 수 있도록 해달라는 이야기이기도 했다. 비교적 온건한 외무성의 입장을 말하고 있었다. 연료봉 제거 작업에 대해서도 곧 시작할 것이라고 말해 경우에 따라서는 안 할 수도 있음을 시사했다.

2005년 4월 평양은 이렇게 군부 강경파와 외무성 온건파 사이 의견이 갈리고 있었다. 해리슨이 만난 평양의 유럽 외교관들은 5월 9일 모스크바에서 열리는 제2차 세계대전 종전 60주년 기념행사를 활용해 미국이 북한과 대화를 하면 좋을 것이라는 의견이었다. 그 자리에 참석하는 조지 W. 부시 대통령이 북한을 대표해서 나올 가능성이 있는 김영남과 대화를 하면 된다는 이야기였다. 하지만 북한은 그 행사에 조선인민군 차수 리종산을 파견해 대화는 이루어지지 않았다. 그때까지 미국은 북한과 대화할 준비가 되어 있지도 않은 상태여서 김영남이 나왔어도 대화가 이루어질 가능성은 거의 없었다.

2006~2007년

제4장

×××

핵실험과 남북정상회담

## 네 번째 중국 방문

2006년 1월 10일, 하늘은 회색빛이었다. 한겨울의 바람이 매서웠다. 아침 6시 30분, 압록강의 강바람을 가로질러 열차가 철교를 건너고 있었다. 짙은 녹색의 23량짜리였다. 김정일의 특별열차였다. 집권 이후 네 번째 방중이었다. 2000년 5월, 2001년 1월, 2004년 4월에도 중국을 방문했다. 열차는 중국에 들어서 단둥역에서 잠시 쉬었다가 선양으로 향했다. 중국의 철도부 부부장이 김정일과 동행했다. 가는 길에 불편이 없도록 하기 위해서였다.

열차는 베이징으로 가지 않고 바로 후베이성湖北省으로 갔다. 11일 우한武漢에 도착했다. 하루를 거기서 머무르고, 12일에는 이창宜昌의 싼샤三峽댐으로 갔다. 승용차로 4시간을 달렸다. 김정일은 총발전량 1,042억 킬로와트를 자랑하는 대규모 댐을 관찰했다. 만성 전력 부족에 시달리는 북한이 참고할 만한 것을 찾기 위해서였다. 13일에는 광저우廣州로 갔다. 중산中山대학도 방문했다. 14일에는 주하이珠海로 이동해 중국공상은행의 전산시스템을 보았다. 그날 오후에는 선전으로 갔다. 15일에는 선전 컨테이너기지를 시찰했다. 그러고는 밤늦게 출발해 17일 아침 베이징에 도착했다. 베이징 외곽 펑타이豊台역에 도착해 지하도로를 이용해 댜오위타이로 이동했다.

이렇게 김정일이 중국의 남방을 시찰한 것은 후진타오의 권유에 따른 것이었다. 2005년 10월 평양을 방문한 후진타오가 중국의 남쪽 지방을 돌아볼 것을 권했고, 3개월 후 김정일이 실행한 것이다. 김정일은 중국의 발전상을 확인하고 북한의 발전 계획을 구상해보려고 한 것으로 보인다. 특히 김정일의 여정은 1992년 덩샤오핑이 남방을 돌며 개혁·개방을 강조한 '남순강화南巡講話'의 노정을 닮아 있었다.

수행원도 내각 총리 박봉주, 외무성 제1부상 강석주, 당 계획재정부장 박남기, 당 과학기술담당부장 리광호, 부총리 로두철 등 온건파와 경제 전문가 위주였다. 이전처럼 조명록이나 김영춘 등 군 수뇌부를 동반하지 않았다. 중국의 발전상을 확인한 김정일은 "중국 특색의 사회주의 현대화 건설이 많은 성과를 달성했으며, 중국의 국력은 비상히 강화되고 있다"고 소회를 밝히기도 했다.[1]

17일에는 후진타오 주석, 원자바오 총리와 회담을 가졌다. 주요 의제는 2가지였다. 첫째는 경제협력이었다. 김정일은 자원·에너지 분야, 하이테크 분야, 인프라 건설, 관광자원 개발, 농업발전, 노동집약형 산업기지 건설 등에 관한 협력을 제안한 것으로 전해졌다.[2] 이에 대해 중

2006년 1월 김정일은 중국의 남방을 시찰하면서 중국의 발전상을 확인하고 북한
의 발전 계획을 구상해보려고 했다.

국 지도부는 자기 나라의 실정에 맞게 발전의 길을 모색하는 것을 지지
한다면서 경제협력을 강조했다. 둘째는 6자회담 재개 문제였다. 후진
타오는 "북한을 포함한 관계국들과 공동으로 노력해 6자회담 과정이
계속 전진하도록 추동할 용의가 있다"고 말하면서 북한의 참여를 독려
했다. 이에 대해 김정일은 "회담 진전을 위한 방도를 찾기 위해 중국과

노력할 것"이라면서 중국에 동조하는 모습을 보였다.[3]

2006년 1월 김정일의 방중은 북한이 경제적·외교적으로 어려움에 처해 있는 상황에서 중국에 다시 한 번 기대려는 의도에서 이루어졌다. 경제협력으로 중국과 돈독한 관계를 형성하면서 북한 경제를 살려보려고 했고, 미국에서 금융 제재를 받고 있는 상황에서 중국의 경제적·외교적 지원을 확보하려고 했다. 6자회담을 통한 핵 문제와 금융 제재 문제 해결에 대해서도 원칙적으로 긍정적인 인식을 갖고 있음을 중국에 전하려고 했다. 하지만 미국이 방코델타아시아를 통한 금융 제재에 주력하면서 협상 분위기는 만들어지지 않았다. 중국의 중재도 효력을 발휘하지 못했다. 그에 따라 북한도 2006년 하반기부터는 '벼랑 끝 전술'에 의존하는 모습을 보이게 되었다.

## 대풍국제투자그룹 설립

북한은 그동안 합영법과 경제특구 등을 통해 외자 유치를 추진했지만, 성과를 올리지는 못했다. 2006년 9월에는 외자 유치를 추진하기 위한 기관을 창설했다. '대풍국제투자그룹(대풍그룹)'이다. 대외경제협력추진위원회가 외국의 업체들과 합작해 설립한 것이다. 평양에 사무소를 개설하고, 국제 금융기관이나 개인 투자자들을 상대로 투자를 유치하는 것이 주요 업무였다.

대풍그룹의 총재는 조선족 박철수였다. 중국에서 옌볜延邊대학을 졸업하고 대외경제무역대학에서 석사학위를 받았다. 1990년대 중국의 국영 석유회사 임원으로 일했다. 당시 북한 군부에 휘발유를 공급하는 일을 맡았고, 그때 북한 군부 인사들과 친분을 쌓았다.

대풍그룹은 베이징과 홍콩 등에도 법인등록을 하고 외자 유치 사업을 벌였다. 이사회는 국방위원회, 내각, 재정성, 아시아태평양평화위원회의 대표 등 7명으로 구성했다. 2007년 10월 중국탕산唐山철강그룹에서 투자를 유치하고, 2008년 2월 뉴욕 필하모닉 오케스트라 평양공연도 성사시켰다.

2010년에는 산하에 '국가개발은행'도 설립했다. 이사장은 전일춘이었다. 김정일의 통치자금을 관리하는 조선노동당 39호실 부실장을 지낸 인물이다. 자본금 100억 원을 조성해 국가 기반시설 건설, 첨단기술산업 육성, 에너지 개발, 농축산업 개발 등에 집중 투자할 방침이었다. 국제금융기구, 국제상업은행들과의 거래 창구 역할도 담당했다.

이렇게 북한은 외자 유치를 위해 관련 기관을 설립하면서 일부 성과도 얻었지만, 제한적일 수밖에 없었다. 북핵 문제가 미결 상태로 남아 있고, 국제사회의 대북 제재가 진행되고 있는 상황에서 북한의 외자 유치는 지속적인 성과를 내기 어려웠다. 국제금융기구나 서방국가의 기업들이 투자에 나서지 않았기 때문이다. 그래서 대풍그룹과 국가개발은행은 2011년 이후로는 유명무실한 기관이 되었다.

그렇게 북한의 외자 유치 시도는 실패했다. 북한이 새로운 기관을 만들어 외자 유치에 나선 것은 그만큼 외자가 절실했기 때문이다. 하지만 절실하기만 했지 외자 유치를 위한 준비는 되어 있지 않았다. 외자를 유인하기 위해서는 경제 체제의 근본적인 개혁, 인프라 개발, 이익의 송금 시스템 보장 등이 이루어져야 하는데, 그런 부분을 갖추지 못했다. 그런 상태로 새로운 기관을 설립해 네트워크를 통한 외자 유치를 시도했기 때문에 성과는 당초부터 기대하기 어려웠다.

## 제1차 핵실험

2005년 9월 미국의 금융 제재로 북미 관계는 악화되기 시작해 그 정도는 점점 심해졌다. 미국은 방코델타아시아를 통한 금융 제재 이외에도 다양한 방법으로 북한의 국제 거래에 대한 제재를 강화했다. 그럴수록 북한의 반발은 거세졌다. 2006년 7월 5일에 장거리 로켓 대포동 2호를 시험 발사했다. 1998년 8월 31일 대포동 1호를 시험 발사한 이후 두 번째 장거리 로켓 시험 발사였다. 기계적인 결함으로 발사 40여 초 만에 궤도를 이탈했지만, 미국과 일본은 유엔을 통한 제재에 나섰다. 유엔 안보리 결의를 추진해 통과시켰는데, 유엔 안보리의 첫 대북 결의였다.

북한은 이에 대해 강수로 나왔다. 10월 3일 핵실험을 예고했다. 북한 외무성은 오후 6시 조선중앙방송, 평양방송, 조선중앙TV, 조선중앙통신 등 모든 매체를 통해 "조선민주주의인민공화국 과학연구 부문에서는 앞으로 안전성이 철저히 담보된 핵실험을 하게 된다"고 성명을 발표했다. 성명은 "미국의 반공화국 고립 압살 책동이 극한점을 넘어서 최악의 상황을 몰아오고 있는 제반 정세하에서 우리는 더이상 사태 발전을 수수방관할 수 없게 되었다" 면서 핵실험의 원인은 미국의 대북 적대 정책이라고 밝혔다.

그렇게 해놓고는 10월 9일 오전 10시 35분 지하 핵실험을 강행했다. 10월 8일은 김정일의 당 총비서 취임 9주년 기념일이고, 10월 10일은 당 창건 61주년 기념일이었다. 북한은 그사이를 택해 첫 번째 핵실험을 했다. 함경북도 길주군 풍계리의 산악지대에서 이루어졌다. 평양에서 동북 방면으로 약 385킬로미터 떨어진 지점이었다. 규모는 0.5~0.8킬로톤kt 정도의 폭발력이었다. TNT 1,000톤에 해당하는 폭발력을 1킬로톤으로 표시하는데, 그 절반 정도의 폭발력을 보인 것이다. 사전에 중국에 통보한 것은 4킬로톤이었는데, 핵폭발 장치가 제대로 작동하지 않아 계획한 폭발력을 얻지는 못했다.

북한은 핵실험 다음 날 외무성 성명을 통해 자신들의 입장을 밝혔다. 미국의 압살 정책 때문에 핵실험을 했지만, 협상할 용의는 있으며 미국이 계속 압력을 가중한다면 물리적 대응 조치를 하겠다는 내용이었다. 북한으로서는 초강수를 통해 미국과의 협상 기회를 잡겠다는 생각이었다. 또, 미국에 대항하는 강력한 비대칭 무기인 핵을 개발하는 것은 내부 체제를 단속하는 수단으로도 효과적이었다. 북한은 이 2가지 포석을 갖고 핵실험을 강행했다.

북한이 핵실험을 강행하자, 주변국은 경악했다. 중국은 강한 비난 성명을 냈고, 미국과 일본도 북한을 강력 규탄하면서 강도 높은 유엔 안보리 결의를 추진했다. 유엔 안보리 결의는 신속히 마련되어 10월 14일에 통과되었다. 북한에 대량살상무기 개발과 관련된 물자와 장비와 기술 등의 이전을 차단하고, 이와 관련된 북한 인사의 입국과 경유를 금지하는 내용이었다.

남한 사회에 미친 파장은 훨씬 컸다. 대북 포용 정책을 추진해오던 노무현 정부 내에서도 북한에 대한 강경 대응을 주장하는 입장이 강했다. 국방부는 군의 경계 태세를 강화하면서 개성공단과 금강산 관광에 대해 강력한 조치를 주장했다. 사업을 중단시켜야 한다고 했다. 하지만 통일부는 신중한 판단이 필요하다고 주장했다. 일단 개성공단과 금강산 관광을 중단시키면 재개하기 어려운 만큼 그렇게 하면 안 된다고 했다. 이렇게 정부 내에서 관료정치bureaucratic politics가 심화되는 모습이었다. 10일 정도 관료들 사이에 그런 '밀고당기기pulling and hauling'가 계속되다가 사업은 중단시키지 않고 계속하되 국제사회의 제재에는 협조하는 선에서 정책 결정이 이루어졌다.

북한이 핵실험이라는 강수를 들고 나오면서 국제사회는 비난하고 제재하면서도 한편으로는 문제 해결을 위한 대응책 마련에 나섰다. 중국은 10월 19일 탕자쉬안唐家璇 국무위원을 특사로 평양에 파견해 김정일과 면담하도록 했다. 그 자리에서 탕자쉬안은 6자회담 참여를 촉구했다. 미국은 11월 중간 선거 전에 일정한 진전을 이루려고 했다. 2006년 10월 31일 북한, 중국, 미국의 3자 회동이 이루어졌다. 6자회담을 조기에 열기로 합의했다. 이를 위해 방코델타아시아 금융 제재 문제도 해결해나가기로 했다.

북한과 미국의 양자 협의도 이루어졌다. 2006년 11월에 베이징과 2007년 1월에 베를린에서 만났다. 역시 핵심 의제는 금융 제재 해제와

6자회담 재개였다. 이러한 과정을 거쳐 2007년 2월 8일부터 베이징에서 6자회담이 시작되었다. 방코델타아시아의 북한 자금에 대한 동결도 4월 10일에 해제되었다. '방코델타아시아-뉴욕 연방준비은행-러시아 중앙은행-러시아 극동상업은행-조선무역은행'이라는 복잡한 과정을 거쳐 2007년 하반기 방코델타아시아 자금은 북한에 전해졌다. 미국에 의해 불법자금의 딱지가 붙은 돈을 각국 은행들이 받지 않으려 해서 이렇게 여러 단계의 과정을 거치게 되었다.

## 2·13 합의

2005년 9월에 합의된 9·19 공동성명은 곧바로 나온 미국의 방코델타아시아 금융 제재로 인해 이행될 수 없었다. 방코델타아시아 금융 제재는 오랫동안 북미 사이를 가르는 큰 장애가 되었다. 2006년 7월 5일 북한의 장거리 로켓 시험 발사와 10월 9일 제1차 핵실험을 거쳐 북미는 2007년 초 양자 대화를 하게 되었고, 협상을 통해 문제를 해결하기로 했다. 그에 따라 2007년 2월 8일에 6자회담도 재개되었다.

5일 간의 협상 끝에 2·13 합의를 도출해냈다. 9·19 공동성명을 구체적으로 실천하는 방안이었다. 그 내용을 자세히 보면, 우선 60일 이내에 하도록 되어 있는 것이 있었다. 조기 실행이 필요한 것들이었다. 첫째, 북한은 핵시설을 폐쇄·봉인하고 IAEA 요원을 복귀시키기로 하고 모든 핵 프로그램의 목록 작성에 대해 한·미·일·중·러 5개국과 협의하기로 했다. 이에 상응하는 조치로 5개국은 중유 5만 톤을 지원하기로 했다. 둘째, 북미 양국은 테러 지원국 해제와 적성국敵性國 교역법 적용 종료 등을 협의하기 위해 양자 대화를 시작하기로 했다. 북일 회담도 열어 관계 정상화를 논의하도록 했다.

60일 이후에 관한 사항은 첫째, 북한은 모든 핵 프로그램을 신고하고 현존하는 모든 핵시설을 불능화하기로 했다. 이에 대해 5개국은 중유 95만 톤을 지원하기로 했다. 둘째, 6자회담 내 5개 실무 그룹을 구성해 9 · 19 공동성명의 이행을 추진하기로 했다. 한반도 비핵화, 북미 관계 정상화, 북일 관계 정상화, 경제 · 에너지 협력, 동북아시아 평화 · 안보 체제에 대한 실무 그룹을 구성하기로 한 것이다. 셋째, 조기 조치가 이행되면 6자 장관급 회담을 개최하기로 했다. 넷째, 직접 관련 당사국 간 적절한 별도 포럼을 열어 한반도의 항구적 평화 체제에 관한 협상을 갖기로 했다.

그 핵심은 북한이 모든 핵시설을 폐쇄 · 봉인하고 IAEA 요원을 복귀시켜 핵 폐기의 첫 번째 조치를 취하는 것이다. 그리고 그에 따라 5개국이 중유를 제공하는 것이다. 이것이 이행되어야 핵 프로그램 신고와 핵시설 불능화 조치로 나아갈 수 있는 것이다.

1994년 북미제네바합의는 북한이 핵 폐기의 단계를 밟아나가면 매년 50만 톤의 중유를 제공하기로 했는데, 2 · 13 합의는 불능화의 진전 속도를 평가해 그에 상응해 중유를 제공하기로 했다. 또, 부담도 참가국들이 균등하게 지도록 했다. 문제가 해결되면 동북아시아 안보 협력 증진 방안 모색을 위한 6자 외교장관 회담도 개최하기로 해서 구체적인 문제 해결과 거시적인 안보 협력의 틀을 동시에 마련하자는 것이었다.

2·13 합의는 조지 부시 행정부의 대북 정책의 일정한 변화를 상징하는 것이기도 했다. 부시 행정부는 1기 당시 북한에 대한 강경 정책을 폈지만, 그다지 효과를 보지 못했다. 2기 들어 9·19 공동성명에 합의하면서 변화하는 모습을 보이기도 했다. 하지만 이는 국무부 온건파의 변화일 뿐 국무부 내의 강경파와 국방부와 재무부 등의 매파는 강경 기조를 유지하고 있었다. 그래서 방코델타아시아를 통한 제재도 강행되었다. 그러다 북한의 장거리 로켓 시험 발사와 핵실험 사태를 맞게 되었다. 이후에는 협상에 의한 해결로 전환하는 모습이었다. 그 결과가 2·13 합의였다.

2·13 합의는 비교적 잘 이행되었다. 북한은 영변 핵시설을 폐쇄한 뒤 봉인하고, IAEA 요원도 복귀시켰다. 5개국의 중유 5만 톤 제공도 이루어졌다. 이에 따라 다음 단계로 이루어져야 할 조치들이 면밀하게 규정될 필요가 있었다. 2007년 9월 27일 다시 6자회담이 열렸다. 여기서 10·3 합의가 이루어졌다. 9·19 공동성명 이행을 위한 2단계 조치에 대한 합의였다.


## 첫 남북 합작 드라마 〈사육신〉

남북 관계 발전에서 가장 중요한 부분은 남북의 이질성 극복과 동질성 회복이다. 이것이 기초가 되어야 교류도 지속될 수 있고, 신뢰도 구축될 수 있고, 남북연합과 통일도 가능한 단계로 나아갈 수 있다. 이질성을 극복하는 데에는 문화적 교류가 중요한 역할을 할 수 있다. 말과 글, 역사, 민속 등에 대한 공동연구, 방송교류, 방송의 상호개방 등은 그래서 통일의 기초 작업으로 매우 중요한 위치를 차지한다. 독일도 1961년부터 동서독이 상대의 방송을 개방해 동독 주민들도 서독의 방송을 볼 수 있었다. 이런 조치가 동서독의 이질화를 막는 데 크게 기여했다. 동서독 분단 45년 동안 문화적 공동성 유지에 가장 크게 기여한 것은 텔레비전 방송이었다는 것이 독일 학자들의 평가였다.[4]

문화 콘텐츠에 대한 공동 작업과 공동 제작도 그런 차원에서 매우 중요한 기능을 갖고 있는데, 2007년 남북한이 분단 이후 처음으로 드라마를 공동으로 제작해 방송했다. 2005년부터 24부작 드라마 〈사육신〉을 공동 제작해 2007년 8월 KBS를 통해 방송한 것이다. 15세기 단종 복위를 도모하다가 죽임을 당한 사육신을 현대적 관점에서 고찰해 극화한 것이었다.

KBS가 총제작을 관할하면서 촬영장비와 소품 등도 맡았다. 디지털 방식으로 제작하기 위해 관련 장비도 지원했다. 실제 제작은 북한 조선중앙TV가 맡아서 하는 방식으로 했다. 연출이나 촬영 기법은 KBS에서 지도를 많이 해주었다. 남한과 북한의 배우가 함께 출연하고, 촬영도 남과 북에서 했다. 북한 배우 고승룡이 주인공을 맡았고, 인민배우와 공훈배우 등 북한의 유명 배우가 많이 나왔다. 〈사육신〉에는 북한 음악 30여 곡도 들어가 있었다.

북한에는 임꺽정이나 계월향처럼 봉건 체제에 대한 저항이나 왜적과

최초의 남북 합작 드라마 〈사육신〉은 높은 시청률을 기록하지는 못했지만, 남북 이질성 극복의 가능성을 보였다는 점에서 충분히 의미 있었다. 〈사육신〉의 한 장면.

의 투쟁에 나선 인물을 다룬 역사 드라마가 있었지만, 임금이나 신하 등이 주인공으로 등장하는 정통사극은 당시까진 없었다. 〈사육신〉이 처음인 것이다. 〈사육신〉은 남북 공동으로 제작되었지만, 북한에서 방송되지는 않았다.

남한에서 방영되었지만, 높은 시청률을 기록하진 못했다. 8월 8일 첫날은 최초의 남북 합작 드라마라는 성격 때문에 7.3퍼센트를 기록했지만, 이튿날은 4.7퍼센트, 이후에는 2~3퍼센트 정도밖에 안 되었다. 시청자들의 반응은 대부분 '왠지 내 몸에 맞지 않는 옷을 입은 듯하다'는 것이었다. 전개도 느리고, 대사도 느린 북한식 드라마에 남한 시청자들이 싫증을 낸 것이다. 북한에서는 인민배우라고 해도 남한 사람들은 잘 모른다. 그런 데다 내용 전개가 질질 끄는 식이다 보니 시청자들의 주목을 받지 못했다. 높은 시청률을 기록했더라면 많은 사람이 북한과 통일 문제에 더 관심을 갖는 기회가 될 수도 있었겠지만, 첫술에 배부르기는 어려운 노릇이었던 것 같다. 더 자주 더 많이 접촉하고 교류해야 하는 이유를 남북이 경험으로 배우는 기회가 되었다.

이미 겪고 있는 남북한 사이의 많은 문화 차이로 비록 상업적으로는 실패했지만, 남북의 대표 방송이 공동으로 남북이 공유하는 역사를 드라마화했다는 것은 남북 교류사에 큰 의미가 있었다. 장기적으로는 남북의 방송이 서로 상대를 알 수 있는 다양한 프로그램을 제작하고 이를 남북한의 주민들에게 공유시킬 때 남북의 이질성이 극복될 수 있을 것으로 보이는데, 〈사육신〉은 그러한 작업의 출발점으로서 충분한 의미를 지녔다.

## 10 · 3 합의

2007년 9월 27일 베이징에서 6자회담이 다시 시작되었다. 언론과 이야기하는 것을 즐기는 미국 대표 크리스토퍼 힐은 "셔츠를 여러 벌 준비했다"고 말했다. 시간을 두고 천천히 세밀히 협상하겠다는 뜻이다. 북한의 핵 프로그램 신고와 불능화의 일정을 짜는 것이니 결코 쉬운 일은 아니었다. 그러니 서두르지 않겠다는 이야기였다.

북한과 미국을 중심으로 논의는 진행되었다. 핵 프로그램의 신고 절차, 불능화의 방법과 수준, 에너지와 경제 지원 방법, 테러 지원국 해제

시기 등을 놓고 밀고당기기가 계속되었다. 신고와 불능화의 시한을 놓고 한때 북미 간 심한 입장 차이를 보이기도 했다. 난항 끝에 10월 3일에 합의서가 만들어졌다.

합의문은 한반도 비핵화와 관련국 관계 정상화, 북한에 대한 경제·에너지 지원, 6자 외교장관 회담 등 네 부분으로 나뉘어 있었다. 주요 내용은 8가지였다. 첫째, 북한은 2007년 말까지 영변의 5메가와트 원자로, 재처리시설, 핵연료봉 제조시설을 불능화하기로 했다. 불능화는 미국이 주도하고 이를 위한 초기 자금도 부담하기로 했다. 둘째, 북한은 모든 핵 프로그램을 2007년 말까지 신고하기로 했다. 셋째, 북한은 핵 물질과 기술, 노하우를 이전하지 않기로 약속했다. 넷째, 미국은 북한을 테러 지원국 명단에서 삭제하기 위한 과정을 개시하기로 했다. 다섯째, 미국은 북한에 대한 적성국 교역법 적용을 종료시키기 위한 과정을 추진하기로 했다. 여섯째, 북미·북일 관계 정상화를 위해 서로 노력하기로 했다. 일곱째, 회담 참가국은 북한에 중유 100만 톤(이미 지원한 10만 톤 포함)을 지원하기로 했다. 여덟째, 적절한 시기에 6자 외교장관 회담을 갖기로 했다.

그 핵심은 영변의 3대 시설인 5메가와트 원자로, 재처리시설, 핵연료봉 제조시설을 2007년 말까지 불능화하기로 한 것이다. 그리고 이에 대한 대가로 중유 100만 톤을 제공하고 테러 지원국 명단에서 제외하고 적성국 교역법 적용 대상에서 삭제한다는 것이다. 이런 과정을 거치게 되면 북한의 국제 거래가 활성화될 수 있고, 북한 경제도 어느 정도 회복될 수 있었다.

이후 2개월도 남지 않은 시한을 지키기 위해 곧바로 이행에 들어갔다. 10월 11일 미국의 핵 전문가들이 영변에 들어가 바로 불능화 조치를 취했다. 원자로에 시멘트를 부어 굳혀버리는 식으로 시설을 못 쓰게 만들었다. 6자회담 참가국의 전문가들도 11월 27일 영변 핵시설을 방문해 불능화 상황을 점검했다. 불능화는 이렇게 원만하게 이루어졌지만, 이후 북한의 우라늄 농축 프로그램UEP과 시리아와의 핵 협력에 대한 의혹이 제기되면서 북한이 이에 반발해 핵 프로그램 신고는 제대로 이루어지지 않았다. 2007년 말까지 신고하기로 했지만, 해를 넘겼다.

북미는 2008년 3월 싱가포르에서 양자 협의를 갖고 신고 문제를 협의해 이행에 들어갔다. 5월에는 미 국무부 한국 과장 성 김Sung Kim이 북한에 들어가 5메가와트 원자로와 재처리시설의 가동 등에 관한 기록과 보충자료를 가지고 나왔다. 1만 8,000여 페이지에 이르렀다. 북한은 6월에 핵 프로그램 신고서를 6자회담 의장국인 중국에 제출해 신고를 완료했다. 예정보다 6개월 늦어지긴 했지만, 2·13 합의의 중요한 부분이 이루어진 것이다.

이제 미국이 응답할 차례였다. 북한이 신고서를 제출한 6월 26일 미국은 북한에 대한 테러 지원국 지정 해제를 의회에 통보하고 적성국 교역법 적용을 종료했다. 여기에 북한은 바로 다음 날 5메가와트 원자로의 냉각탑을 폭파하는 것으로 답했다. 원자로는 이미 불능화되었고, 더는 가동할 의사가 없음을 웅변적으로 보여주었다.

신고서 제출 이후의 문제는 이를 어떻게 검증하느냐였다. 2008년 7월 6자회담 수석대표들이 회의를 열어 이 문제를 논의했다. 하지만 합의를 이루지 못했다. 북한과 미국은 실랑이를 계속했다. 미국은 되도록 철저히 현장에 접근해 검증하려고 했다. 미국 전문가의 현장 방문과 북한 핵개발 관련자들과의 인터뷰는 물론, 핵시설 부근의 토양 등을 갖고 나오는 시료 채취, 영변 이외의 핵시설 의심 지역 방문 등을 요구했다.

북한은 이를 지나친 것이라며 수용하지 않았다. 외무성 대변인 담화를 통해 검증은 현장 방문, 문건 확인, 기술자들과의 인터뷰로 한정되어야 한다고 분명히 밝혔다.[5] 미국은 테러 지원국 지정 해제가 발효되는 것을 보류했다. 국무부가 의회에 통보한 지 45일이 지나는 8월 11일에 발효되는 것인데 이를 보류한 것이다. 북한은 불능화 조치를 중단하고, 핵시설에 대한 복구 작업도 시작했다.

이러한 가운데 6자회담 미국 대표 크리스토퍼 힐이 2008년 10월 1일 평양을 방문해 북한 6자회담 수석대표 김계관과 순차적인 검증안에 대해 협의하고 불능화 의지를 확인했다. 미국은 10월 11일 테러 지원국 지정 해제를 발효시켰다. 북한은 다음 날 핵시설 불능화를 다시 시작했다. 6자회담 수석대표 회의가 12월 8일 다시 열려 검증 절차를 논의했다. 하지만 북한은 시료 채취는 안 된다고 주장했다. 결국 검증에 대한 합의는 불발되었고, 10 · 3 합의는 이행되지 못했다. 그에 따라 북핵 문제는 다시 미해결의 상태로 돌아갔다.

## 두 번째 남북정상회담

노무현 정부도 여느 정권과 마찬가지로 남북정상회담을 원했다. 하지만 북핵 문제가 큰 걸림돌이었다. 이것을 두고 정상회담을 하기는 어려웠다. 그렇다고 정상회담을 열어 북핵 문제를 해결하는 것 역시 어려웠다. 북한은 핵 문제는 미국과 만나 해결한다는 입장을 견지하고 있었기 때문이다. 그런데 북핵 문제가 2007년에 진전을 보였다. 2월에 2·13 합의가 마련되고, 4월에 방코델타아시아 금융 제재가 해제되었다. 노무현 정부는 남북정상회담을 본격 추진했다.

7월 초 남한에서 접촉을 제안했다. 북한이 이를 수용하고 국가정보원장 김만복을 초청했다. 8월 2일 김만복이 평양을 방문했다. 통일전선부장 김양건과 만났다. 북한은 8월 하순 정상회담을 제안했다. 김만복은 서울로 돌아와 노무현 대통령과 논의했다. '수용'으로 결론을 내고 8월 4일 다시 방북해 이를 전했다. 회담 일정도 협의해 8월 28일부터 30일까지 평양에서 하기로 했다. 하지만 8월 7일부터 18일까지 북한에 집중호우가 내려 수해가 컸다. 북한은 회담 연기를 요청했고, 10월 2~4일로 다시 합의했다.

노무현 대통령은 10월 2일 육로를 통해 군사분계선을 넘었다. 남한 대통령이 군사분계선을 넘어가는 것은 처음이었다. 개성-평양 고속도로를 통해 평양에 들어갔다. 4·25문화회관에서 공식 환영식이 열렸고, 최고인민회의 상임위원장 김영남과 면담했다. 김정일과의 회담은 3일 오전과 오후에 걸쳐 이루어졌다. 김정일은 예의 거침없는 태도로

두 번째 남북정상회담은 2007년 10월 2~4일에 열렸는데, 노무현 대통령은 육로를 통해 군사분계선을 넘었다. 남한 대통령이 군사분계선을 넘어가는 것은 처음이었다.

회담에 임했다. 국정 전반에 대해 아주 소상히 알고 있었다. 개혁·개방이라는 말에 대해서는 심한 거부감을 갖고 있었다.[6]

오전 회담에서는 김정일이 협력에 부정적인 입장을 주로 피력했다. 기존의 합의를 지켜가면 되고 새로운 합의가 필요하지는 않다고 주장했다. 오후 회담에서 김정일의 태도는 바뀌어 많은 부분에서 교류를 확대하는 합의가 이루어졌다. 결과는 4일 '남북 관계의 발전과 평화번영을 위한 선언'이라는 이름으로 발표되었다. '10·4 선언'으로 전문과 8개항으로 구성되었다. 군사적 긴장 완화와 신뢰 구축 추진, 남북 경협 확대, 사회문화 분야 교류 협력 확대, 인도적 협력 적극 추진 등에 대한 합의 사항을 담았다.

그 구체적인 내용을 보면, 긴장 완화 · 신뢰 구축과 관련해서는 남북 국방장관회담을 재개하고 서해의 남북 경계 지역에 서해평화협력특별 지대를 설치하기로 했다. 평화 체제 논의도 추진해 평화를 제도화하는 구조 마련에도 나서기로 했다. 경제협력과 관련해서는 개성공단 2단계 개발, 해주 지역 경제특구 건설, 안변과 남포의 조선협력단지 건설, 북한 철도 · 도로 개보수, 농업 · 보건의료 · 환경보호 분야에서 경협 사업 등을 추진하기로 했다. 사회문화 분야 교류 협력으로는 백두산 관광 등을 실시하기로 했다. 또, 인도적 협력으로는 이산가족면회소 설치를 통한 상시상봉 등을 추진하기로 합의했다. 이러한 사업들을 추진하기 위한 기구로 남북사회문화교류협력추진위원회와 부총리급의 남북경제협력공동위원회를 설치하기로 했다.

이후 합의 이행을 위한 실제적인 작업들이 진행되어 2007년 11월에는 남북총리회담과 남북국방장관회담이 열리고, 조선협력단지 현장 조사가 실시되었다. 12월에는 남북경제협력공동위원회, 서해평화협력특별지대추진위원회가 개최되고, 이산가족면회소 남북사무소 준공식이 열렸으며, 문산–봉동 간 화물열차 운행이 개시되고, 개성–평양 고속도로에 대한 현장 조사도 이루어졌다. 하지만 이러한 교류 사업은 남한의 정권이 교체되고, 남북 관계가 경색 국면에 들어가면서 이어지지 못했다.

# 스칼라피노 교수가

## 본

## 2006년

로버트 스칼라피노Robert Scalapino 교수는 미국 내 최고의 동아시아 전문가였다. 1940년대 말부터 버클리대학 정치학과에서 일본, 중국, 한국 문제를 가르치고 연구했다. 그가 2006년 7월 4일 평양을 방문했다.[7] 1989년 첫 방북 이후 몇 차례 북한을 방문했다. 하지만 2006년 7월의 방북은 특별했다. 북한이 국제사회의 만류에도 장거리 로켓을 시험 발사하기 직전의 방북이었다. 장거리 로켓을 발사한 것이 7월 5일 새벽 3시 32분인데, 스칼라피노가 평양에 도착한 것은 7월 4일 밤 10시 30분쯤이었다. 장거리 로켓 시험 발사 5시간 전에 평양에 들어간 것이다.

유엔 주재 북한 대사 한성렬에게 방북 의사를 전했고, 그가 수용 의사를 전해주면서 방북이 이루어졌다. 북한과 국제사회의 대결 국면 한가운데에서 7일까지 머물면서 북한을 관찰했다. 스칼라피노는 도착 다음 날 BBC를 틀었는데, 장거리 로켓 시험 발사 소식이 전해졌다. 그 순간 그는 이것이 외무성과 사전에 조율이 안 된 상태에서 진행되었다는 생각을 했다. 외무성이 사전에 알았다면 자신의 방북이 취소되었을 것으로 본 것이다.

7월 5일 평양의 모습은 특이한 것이 없었다. 그 전날과 다르지 않았다. 보통 사람들은 어떤 일이 벌어지고 있는지도 몰랐다. 그날 외무성 부상 김계관을 만났다. 장거리 로켓 시험 발사 당일이었다. 그는 묻기도 전에 먼저 말했다. 장거리 로켓 시험 발사는 주권의 문제라는 것이었다. 국제규범 위반이라는 세계 여론에 대해 반박하고 있었다. 그러면서도 한편으로는 미국과의 관계 개선을 진정으로 원하고 있으며 6자회담의 진전도 희망한다고 말했다.

김계관의 설명은 북한이 왜 장거리 로켓을 시험 발사한 것인지, 그 이유를 알 수 없게 했다. 주권을 강조하는 것을 보면 김정일 정권의 기본 정치 노선인 선군정치의 일환으로 나온 것이라고 볼 수 있었다. 또, 미국과의 관계 개선을 바라는 것을 보면 북한이 벼랑 끝 전술을 구사하고 있는 것처럼 보였다. 강수를 두어 이라크와 이란 쪽에 집중되어 있는 미국의 주목을 끌고 미국과 협상의 기회를 마련하겠다는 의사 표시로 볼 수도 있었다. 스칼라피노는 정답을 찾을 수 없었다.

외무성 미주 국장 리근도 만났는데, 김계관과 같은 이야기였다. 국제사회와의 대결 국면이었는데도 그들은 우호적이었다. 장시간 대화했고, 그들은 많은 것을 설명하려고 했다. 금융 제재에 대해서도 자신들의 기존 주장을 되풀이했다. 그만큼 미국에 전하고 싶은 의견이 많았다.

스칼라피노는 평양을 떠나기 전 김계관과 리근을 저녁식사에 초대했다. 마침 그날은 리근의 생일이었다. 그들은 가벼운 이야기를 나누며 식사를 즐겼다. 딸만 셋인 스칼라피노는 리근에게 양자로 삼고 싶다는 농담을 던지기도 했다. 핵문제와 미사일 문제가 얽혀 북한은 미국, 남한, 일본과 오랜 긴장·대결 국면을 겪고 있었지만, 평양 사람들은 다른 세계와 그다지 다를 것 없는 일상을 이어가고 있었다.

2008~2009년

제5장

×××

**김정은의 등장**

## 금강산 관광객 피격 사망

    1998년 11월에 시작된 이래 금강산 관광은 남북교류협력의 상징 역할을 했다. 초대형 유람선에 남한 관광객을 싣고 북한으로 넘어가는 모습은 남북이 서로에게 다가가고 있음을 여실히 보여주었다. 1999년 6월 남한 관광객이 억류되면서 40여 일이 중단되고, 2003년 4월에는 사스(중증 급성 호흡기 증후군) 때문에 60여 일이 중지되기도 했지만, 다시 재개되어 10년 가까이 지속되고 있었다. 그런데 2008년 7월 11일 대형 사건이 발생했다. 남한의 관광객이 금강산에서 북한군에 의해 피격당해 사망한 것이다.

    이 관광객은 이날 새벽 4시 30분쯤 금강산 특구 내 해수욕장 주변을 산책하고 있었다. 부지불식간에 통제 구역을 지나 군 경계 지역에 들어갔다. 북한군 초병은 정지를 요구했다. 하지만 관광객은 불응하고 갔다. 그러자 초병이 총을 쏘았고, 관광객은 쓰러졌다.

남한 정부는 12일부터 금강산 관광 잠정 중단을 선언했다. 그러고는 북한에 사건의 진상 규명과 재발 방지, 확실한 신변안전보장을 요구했다. 하지만 북한은 이 사건은 관광객의 불찰로 일어난 것으로 자신들에게 책임이 있는 것이 아니라고 밝혔다. 진상 규명을 위한 공동조사도 거부했다.

그렇지 않아도 이명박 정부의 '비핵·개방·3000' 정책에 대한 북한의 불신 때문에 경색되어 있던 남북 관계는 더욱 얼어붙었다. 공방만 있을 뿐 대화는 없었다. 그러던 중 2009년 8월 16일 현대아산의 회장 현정은이 방북해 김정일과 면담했다. 김정일은 그 자리에서 "관광에 필요한 모든 편의와 안전을 철저히 담보한다"고 말했다. 남한의 신변안전보장에 대해 응답한 것이다. 이명박 정부는 이를 신변안전보장으로 인정하지 않았다. 당국 사이 회담을 통해 이루어져야 한다고 주장했다.

2009년 11월 18일 금강산에서 열린 금강산 관광 11주년 기념식에 참석한 아시아태평양평화위원회 부위원장 리종혁은 현정은 회장에게 남북 당국 간 회담을 할 용의가 있다고 전했다. 하지만 이명박 정부는 북한 당국이 공식 제의하는 것이 아니면 인정하지 않겠다고 했다. 2010년 1월 14일 북한의 아시아태평양평화위원회가 남북 당국 간 회담을 공식 제의했다. 그래서 2010년 2월 8일 당국 간 실무 회담이 열렸다. 남한은 진상 규명과 재발 방지, 신변안전보장이 이루어져야 금강산 관광이 재개될 수 있다는 종래의 주장을 다시 내세웠다. 북한 역시 잘못이 없다는 입장을 되풀이 강조했다. 합의는 없었고 관광 재개는 요원한 문제로

1998년 11월 금강산 관광이 시작된 이래 10년 가까이 지속되었지만, 2008년 7월 11일 남한의 관광객이 북한군에 의해 피격당하자 정부는 금강산 관광을 중단시켰다. 1998년 11월 17일 출항 하루 전 동해항에 정박중인 금강호.

남았다.

금강산 관광은 10년 가까이 진행되면서 누적 관광객 200만 명에 육박했다. 교류가 제한된 상황에서 그나마 북한을 관찰할 수 있는 공간으로 큰 역할을 하고 있었다. 내용적으로도 초기에는 유람선 관광만 가능하던 것이 육로 관광으로 확대되었고, 2008년 3월부터는 승용차 관광도 가능하게 되었다. 7월에는 금강산 비로봉 관광과 금강산 골프장 개장이 예정되어 있었다. 금강산 지구에서 남북의 협력 활성화를 위해 '금강산관리위원회' 설립도 합의되어 추진되고 있었다.

하지만 관광객 피격 사건으로 이명박 정부의 금강산 관광에 대한 부정적인 인식은 심화되었다. 그렇지 않아도 북한으로 현금이 유입되는 경로로 여기고 있었는데, 피격 사망 사건까지 발생하자 사업 지속에 대한 동인動因은 고갈되었다. 그래서 북한의 회담 제의에도 소극적이었고, 회담이 열리고 난 후에도 강경 주장을 굽히지 않았다. 북한도 이명박 정부의 남북 교류 의지를 신뢰하지 않았다. '비핵·개방·3000'을 '북한 발가벗기기'로 인식하고 있던 터였다. 그러한 불신 때문에 관광이 재개되더라도 언제 다시 문제가 될지 모른다는 인식을 갖고 있었다. 어느 쪽도 끝까지 협상해서 사업을 재개해보자는 의지는 없었다. 10년 공든 탑은 한꺼번에 무너졌고, 이를 다시 세우는 데에는 엄청난 비용이 다시 투입되어야 하는 상황이 되었다.

## 김정일의 뇌졸중과 김정은 후계 내정

2008년 8월 김정일이 뇌졸중으로 쓰러졌다. 미국의 북한에 대한 제재 가운데 가장 무거운 것이 테러 지원국 지정이고, 이것이 해제되면 어느 정도 활로를 찾을 수 있다고 생각했는데, 그것이 어렵게 되자 충격을 받아 뇌졸중으로 이어진 것으로 보인다. 김정일은 의식이 없는 상태가 되었다. 긴급하게 프랑스의 신경외과 전문의를 불러들였다. 파리 생트안느병원의 신경외과 과장 프랑수아-자비에 루Francois-Xavier Roux였다. 그의 병원이 파리 북한 대표부에서 가까워 북한과 인연이 있었다. 누구를 치료하는지도 모른 채 북한의 요청을 받고 평양에 들어간 루는

김정일이 2008년 8월 뇌졸중으로 쓰러진 이후 김정은이 후계자로 내정된 것으로 보인다. 2010년 10월 10일 평양 김일성광장에서 열린 조선노동당 창건 65주년 기념 열병식에 참석한 김정일과 김정은.

적십자병원에 의식이 없는 상태로 누워 있던 김정일을 10일 정도 치료했다. 그러자 김정일이 말을 할 수 있을 정도로 회복되었다.[1]

2008년 10월 김정일은 뇌졸중에서 거의 회복되었다. 김정일은 이즈음 3남 김정은을 후계자로 내정한 것으로 보인다. 죽을 고비를 넘긴 만큼 미룰 수는 없었을 것이다. 2008년 겨울부터는 김정은이 김정일의 현지 지도를 수행하기 시작했다. 김정은의 수행이 텔레비전에 방영된 것은 2009년 10월이 처음이지만, 실제로 김정은은 이보다 훨씬 일찍부터 수행했다. 현지 지도 수행은 후계자 수업의 일환이었다.

김정일이 2008년 8월 뇌졸중으로 쓰러지고 10월에 회복된 뒤 바로 후계자 내정이 이루어지고, 후계 작업에 들어간 것으로 보이지만, 이보다

휠씬 전에 김정은이 후계자로 내정되었다는 주장도 있다. 그 근거는 김정은이 태어난 평안북도 창성의 관저가 사적지로 지정되어 2007년 3월부터 2009년 1월까지 개축 작업이 진행되었다는 것이다. 또, 2007년 북한 사회 전반에 대한 김정은의 지도를 지원하기 위해 태스크포스가 정치 · 군사 · 경제 등 분야별로 구성되었다고 한다.[2]

하지만 이는 분명한 것이 아닌 데다 당시에는 김정일이 왕성하게 활동하고 있었고, 김정은의 나이가 22세에 불과했다. 그런 점에서 2006년쯤 후계자로 내정되었을 것이라는 추정은 믿기 어렵다. 게다가 북한은 심한 북미 관계 경색 속에서 방코델타아시아 금융 제재 풀기에 골몰하고 있었고, 핵실험까지 했다.

김정은을 찬양하는 노래 〈발걸음〉을 후계자 내정과 연결시키는 주장도 있으나 이 또한 근거는 약하다. 이 노래는 1992년 김정은의 생일을 축하하는 의미로 만들어졌다.[3] 지금의 가사 중 '김대장'이라는 부분이 당시에는 '소년대장'이었다. 나머지는 똑같다. 그 내용은 김정은의 풍모와 기상, 의지를 찬양하는 것이었다. 이를 후계자 내정과 연결시킨다면 1992년에 김정은을 후계자로 내정했다는 것인데, 당시 김정은은 8세에 불과했다. 따라서 김정은이 후계자로 내정된 것은 김정일의 뇌졸중과 관련 있는 것으로 보는 것이 비교적 합리적인 추론이다.

그렇다면 왜 김정은이었을까? 장남 김정남은 자유분방하고 권력 지향이 아니다. 차남 김정철은 여성스럽고 유약했다. 김정일의 요리사를 했던 후지모토 겐지의 증언도 김정일이 김정철에 대해서는 여자 같다며 못 미더워했다고 한다. 반면에 김정은은 어릴 적부터 승부욕이 강했다. 농구를 좋아해서 형 김정철과 각각 팀을 이뤄 시합을 자주 했는데, 경기 후 김정철팀은 바로 해산했다. 하지만 김정은은 경기를 점검하면서 "아까 그 패스는 아주 좋았어"라고 칭찬하기도 하고 잘못된 점을 지적하며 매섭게 질타하기도 했다고 한다. 김정일도 자신을 닮았다며 이런 점을 좋아했다고 한다.[4]

김정일이 뇌졸중으로 쓰러져 병원에 있을 때에도 김정은은 자주 찾아갔다. 치료를 담당한 프랑스 의사 루는 당시 김정은이 자주 찾아와 김정일을 극진히 돌봤다고 전했다.[5] 김정일은 승부욕이 강한 김정은을 좋아했고, 그로 인해 둘 사이는 더 친밀해졌으며 이것이 후계자 지명으로 이어졌다고 할 수 있다. 승부욕은 달리 말하면 권력 의지다. 김정일로서는 북한이라는 국가의 통치를 맡기는 것이었으니 유약한 쪽보다는 권력 의지가 강한 김정은으로 기울 수밖에 없었을 것이다.

## 대남 강경 노선

북한은 2008년 말부터 2009년 초까지 남한에 대해 유난히 강경한 노선을 보였다. 그 시작은 11월 6일 국방위원회 정책실 국장 김영철이 개성공단 현황을 점검하는 것이었다. 김영철은 조사단 5명을 이끌고 개성공단을 방문해 오폐수 처리시설, 근로자 숫자, 작업환경 등을 둘러보고, '철수하는 데 얼마나 걸리느냐'고 묻기도 했다. 국방위원회가 이런 조사를 하는 것은 처음이었다. 남한에 대해 '개성공단을 폐쇄할 수도 있다'는 경고와 시위를 하는 것이었다.

그리고는 6일 후 북한은 '12월 1일부터 모든 육로를 엄격 차단하겠다'고 밝혔다. 11월 24일에는 '12월 1일부터 개성관광도 전면 차단한다'고 통보했다. 12월 1일에는 실제 예고한 조치를 실행했다. 남한 인사의 방북을 중단시키고, 남북 철도 운행도 중지시켰다. 개성공단 남한 상주 인력을 880명으로 감축하고, 개성을 왕래하는 경의선 육로의 통행 시간대와 시간대별 통행 가능 인원도 대폭 줄였다. 12월 17일에는 김영철이 다시 한 번 개성공단을 찾았다. 12·1 조치에 대한 이행 상황을 점검하기 위해서였다. 실제로 그는 업체들의 상주 인원 등에 대한 통계도 요구하는 등 12·1 조치의 이행에 대해 점검했다.

2009년에도 강경 조치는 계속되었다. 1월 17일 조선인민군 총참모부가 대변인 성명을 내고 '전면대결태세 진입'을 선언했다. 총참모부 대변인 성명은 1999년 이후 10년 만이었다. 조선인민군 대좌인 대변인이 군복을 입고 조선중앙TV에 등장해 성명을 낭독했다. 남한군이 선제타격을 준비하고 있다면서 '강력한 군사적 대응 조치'가 있을 것이라고 위협했다. 자신들이 선포한 서해상의 군사분계선을 고수할 것이라면서 북방한계선NLL도 무시하겠다고 분명히 말했다. 또, 핵 억제력을 백방으로 강화하겠다면서 핵개발 지속 의지도 재차 강조했다. 이에 대해 남한군도 대북 경계 태세를 강화해 군사적 긴장은 고조되었다.

1월 30일에는 조국평화통일위원회가 성명을 내고 남한 정부가 남북관계를 긴장으로 몰아가고 있다면서 남북 간 정치적·군사적 대결 해소와 관련한 모든 합의 사항은 무효라고 선언했다. 상호 중상·비방·

도발 등에 대한 금지를 합의한 1972년 7·4 남북공동성명, 1991년 남북기본합의서 등을 무효라고 선언한 것이다. 남북기본합의서의 부속합의서에 있는 '서해 해상 군사분계선에 관한 조항들'도 폐기한다고 밝혔다. 부속합의서는 '해상 불가침 구역은 경계선이 확정될 때까지 쌍방이 관할해온 구역으로 한다'고 규정해 서해 군사분계선이 남북 합의에 의해 확정될 때까지는 기존의 북방한계선을 지키기로 남북이 약속한 것이다. 그런데 이를 폐기한다는 이야기이니 북방한계선을 더는 지키지 않겠다는 말이었다.

1953년 7월 27일에 맺어진 정전협정은 서해상의 군사분계선을 확정하지 못했다. 그래서 8월 30일 당시 유엔군 사령관 마크 클라크Mark Clark가 일방적으로 북방한계선을 선언했다. 북한은 한동안 이를 묵인하다가 1973년부터 문제를 제기해 남북 관계의 주요 쟁점이 되었다. 그래서 1991년 남북기본합의서 부속합의서에 따로 규정을 만들게 된 것이다. '우선 북방한계선을 지키고 추후 협의한다'는 것이다. 그런데 2009년 1월 이를 인정하지 못하겠다고 나온 것이다.

북한은 2월 24일에 인공위성 '광명성 2호'를 발사하겠다고 밝혔다. 장거리 로켓 시험 발사를 예고한 것이다. 3월 17일에는 북중 국경을 취재하던 미국 여기자 2명을 체포했다. 3월 30일에는 개성공단에 체류하던 남한 인원을 북한 체제를 비난했다는 이유로 체포했다. 이후 4월 5일 장거리 로켓 시험 발사, 5월 25일 제2차 핵실험으로 강경 노선을 지속했다.

이렇게 북한이 남한에 대해 강경 노선을 추진한 데에는 크게 2가지

KIM IL SUNG
Marshal, Democratic
People's Republic
of Korea
Supreme Commander,
Korean People's Army

PENG TEH-HUAI
Commander,
Chinese People's
Volunteers

MARK W. CLARK
General, United States
Army
Commander-in-Chief,
United Nations
Command

PRESENT

NAM IL
General, Korean People's Army
Senior Delegate,
Delegation of the Korean People's
Army and the Chinese People's
Volunteers

WILLIAM K. HARRISON, JR.
Lieutenant General, United States
Army
Senior Delegate,
United Nations Command Delegation

1953년 7월 17일 맺어진 정전협정은 서해상의 군사분계선을 확정하지 못하고, 유엔군 사령관 마크 클라크가 일방적으로 NLL을 선언했다. 정전협정에 합의한 각국 대표들의 서명.

이유가 있었다. 첫째는 김정일의 건강 이상에 따른 긴장과 이에 따른 대남 경계 태세의 강화였다. 김정일이 뇌졸중에서 회복했지만, 여전히 건강 상태가 양호하지는 않았다. 그런 상황에서 북한이 우려하는 것은 남한의 흡수통일 추진 같은 적극적인 정책이었다. 1990년대 사회주의 국가의 붕괴와 대규모 식량난 이후 북한의 피포위 의식은 심해져 있었다. 김정일의 건강 이상은 그런 의식의 재고조를 가져왔을 것으로 보인다. 더욱이 이명박 정부는 급변 사태를 거론하고 있었다. 북한의 이에 대한 대응은 강경한 레토릭과 조치였다. 이러한 강경 노선으로 김정일 건강 이상으로 인한 위기를 넘기려고 했던 것으로 보인다.

둘째는 남한의 대북 정책에 대한 불신과 불만이었다. 북한은 1년간 이명박 정부를 관찰했다. 하지만 남북 관계 개선의 희망을 찾지 못했다. '비핵 · 개방 · 3000' 정책으로 선先 핵 폐기를 추진하고, 급변 사태론으로 북한이 망할 것처럼 이야기하고, 민간단체의 대북 전단 살포를 방치해 북한 정권을 자극하고, 미국까지 가서 '자유민주주의 체제 통일'을 거론하며 북한 체제를 부인하는 이명박 정부를 보면서 대화에 대한 기대를 상실했던 것으로 보인다.

이 당시의 대남 강경 입장은 남한 정부의 경직된 맞대응을 낳고, 그에 따라 북한의 태도 또한 경직성이 공고해지면서 오랫동안 남북 관계를 얼어붙게 했다. 가끔의 일시적인 화해 분위기에도 큰 줄기에서 남북 경색이 오랫동안 지속되었다.


## 김정은 후계 확정

김정은이 김정일의 후계자로 정해진 것은 2009년 1월 8일이다. 김정일이 조선노동당 조직지도부에 김정은을 후계자로 결정했다는 교시를 하달함으로써 후계자로 확정되었다. 이에 따라 당시 당 조직지도부 제 1부부장이던 리제강은 조직지도부의 과장급 이상 간부들을 긴급 소집해 이를 전달했다. 군에도 대좌(대령) 이상의 간부들에게 통보되었다. 이로써 김정은이 김일성과 김정일에 이은 북한의 3대 최고 통치자로 확정되었다.

김정은의 승계 과정은 3단계로 나누어 진행되었다. 1단계는 2009년

1월 후계자 결정 이후 2010년 9월 제3차 당대표자회까지로 '후계자 견습기'다. 2단계는 2010년 9월부터 2011년 12월 김정일 사망까지로 '김정일-김정은 권력 공유기'다. 3단계는 2011년 12월 김정일 사망 이후로 '권력 장악기'다.[6]

김정일의 권력 승계는 1974년 2월 후계자 결정에서 1994년 7월 김일성 사망까지 22년 5개월의 오랜 시간이 걸렸다. 하지만 김정은은 2009년 1월 후계자로 결정된 이후 2011년 12월 김정일 사망까지 2년 11개월의 짧은 기간을 거쳐 북한의 통치자 자리에 올랐다. 그 기간은 이렇게 달랐지만 견습 기간과 권력 공유기를 거쳐 최고 권력자가 되는 과정은 김정일과 차이가 없었다. 김정은의 권력 승계는 김정일의 권력 승계의 축소판이었다.

김정은으로 후계자가 확정되면서 북한은 2009년 2월 국방위원회를 대폭 강화했다. 부위원장을 2명에서 3명으로 늘리고, 국방위원도 4명에서 8명으로 증가시켰다. 강화된 국방위원회 위원에 군의 최고위급과 군의 당 조직을 책임지고 있는 인물들을 임명했다. 특히 김정일의 신임이 두터운 오극렬을 국방위원회 부위원장에 임명했다. 국방위원회 부위원장을 이미 하고 있던 김영춘이 인민무력부장도 맡도록 했다. 국방위원회를 통해 군 전반을 통할할 수 있도록 한 것이다. 이는 김정은으로 권력 승계 과정을 원활하게 하려는 조치였다.

군부와 조선노동당의 세대교체도 진행했다. 당시 김정은은 25세에 불과했기 때문에 세대교체는 필연의 수순이었다. 2009년 2월 야전군의 총사령관인 조선인민군 총참모장을 교체했다. 김영춘이 물러나고 리영호가 총참모장이 되었다. 리영호도 당시 68세로 적지 않았지만 73세였던 김영춘에 비해서는 젊은 편이었다. 그리고 권력 엘리트의 나이가 전반적으로 높은 북한에서 68세는 소장파에 해당했다. 79세의 김일철은 인민무력부장에서 인민무력부 부부장으로 강등되었다.

리영호와 함께 군부 3인방에 속하는 인물은 김정각과 김영철이다. 김정각은 조선인민군 총정치국 제1부국장이었다. 병세가 악화된 조명록 총정치국장을 대신해 군부의 정치 사업을 모두 장악하고 있었다. 김영철은 당 작전부(침투공작원 호송과 안내)와 35호실(해외·대남 정보수집), 인민무력부 산하 정찰국(군사첩보 수집, 요인 암살, 중요 국가 시설물 파괴)을 통합해 신설한 정찰총국장에 임명되어 대남 관계 업무를 총괄하게 되었다. 김정각은 68세, 김영철은 63세로 모두 소장파였다.

2009년 4월에는 우동측이 국가보위부 부부장에 임명되었다. 이때부터는 주요 정보가 김정은에게 직접 보고되기 시작한 것으로 보인다. 당에서는 2010년 4월 김경옥이 당 조직지도부 제1부부장을 맡았다. 김경옥은 당 차원에서 군대를 감독하고 군의 인사를 맡아서 했다. 김정은이 후계자로 확정된 이후 주요 직책을 맡은 만큼 그 또한 김정은을 철저히 지원하는 인물이었을 것이다. 당시 북한 권부의 조직 장악 전략은 '승진과 통제'였다. 리영호와 김영철, 김경옥 등을 주요 포스트에 승진시키고 이들을 통해 조직을 장악·통제했다. 그즈음 중국에도 김정은 후계 확정을 전한 것으로 보인다. 일본의 『아사히신문朝日新聞』 등 언론들이 이 소식을 전했다. 북한의 조선노동당 간부가 중국 베이징을 방문해 중국공산당 간부에게 전했다는 것이다.[7]

2009년 4월부터 북한 내부에 김정은을 알리는 작업도 본격화했다. 벽보를 통해 '백두 혈통을 이은 청년 대장 김정은 동지'라고 소개하고, 그를 찬양하는 노래 〈발걸음〉을 보급했다. 9월에는 이러한 벽보가 타이완의 사진작가 후앙 한밍hanming huang에 의해 원산 지역에서 촬영되어 공개되기도 했다.

북한은 김정은의 업적 쌓기에도 주력했다. 최고 권력자가 통치의 정당성을 확보하기 위해서는 일정한 권위를 확보해야 한다. 권위는 시민들이 자발적으로 인정해주는 권력을 말한다. 막스 베버Max Weber는 이 권위를 3가지로 구분했다. 법적·합리적 권위legal/rational authority, 전통적 권위traditional authority, 카리스마적 권위charismatic authority가 그것이다.[8] 법적·합리적 권위는 법적 체제를 정비해놓고 그에 기반한 절차에 따라 명령을 내림으로써 보장되는 권위다. 또는 경제적 성과를 바탕으로 얻어지는 성과 기반의 권위도 여기에 포함된다. 전통적 권위는 조상의 후광에 의한 권위다. 카리스마적 권위는 초인적인 능력에 기반한 권위를 말한다. 업적 쌓기는 성과를 통한 법적·합리적 권위의 확보 방안이었다.

2009년 평양에 10만 호 주택을 건설하고, 자강도 희천에 대규모 발전소를 짓는 사업에 착수했다. 그와 동시에 대중동원운동도 벌였다. '150일 전투,' '100일 전투'가 그것이다. 이 운동들은 큰 생산적 성과를 얻은 것으로 선전되었다. 2009년 5월의 제2차 핵실험도 내부적으로는 큰 성과로 선전되었다.

김정은은 법적·합리적 권위를 우선적으로 추구하면서도 전통적 권위도 확보하려고 했다. 김일성-김정일-김정은으로 이어지는 이른바 '백두의 혈통'을 이어받았음을 강조했다. 주민들을 상대로 한 벽보에도 '백투 혈통'을 강조했다. 외모와 제스처는 김일성을 따라 하는 모습을 보였다. 살찐 모습, 옆을 짧게 쳐올린 헤어스타일, 손을 아래위로 움직여 박수치는 모습 등 모두 김일성의 것이었다. 심지어는 손을 들어 올리는 모습과 사람을 끌어안을 때의 동작 등도 김일성을 모방했다.

요컨대 2009년 1월부터 2010년 9월까지 1년 8개월간의 후계자 견습기의 김정은은 세대교체를 통한 군과 당의 장악에 관심을 쏟으면서, 동시에 업적 쌓기와 김일성 따라하기 등을 통해 인민들의 폭넓은 지지를 확보하는 데 주력했다.

## 명실상부 최고 영도자

2009년 3월 8일 제12기 최고인민회의 대의원 선거가 치러졌다. 687명이 대의원으로 뽑혔다. 제11기와 같은 수였다. 제1차 회의는 4월 9일에 열렸다. 여기서 헌법을 개정했다. 1998년 이후 11년 만이었다. 핵심은 국방위원장을 명실상부한 최고 영도자로 올려놓은 것이다. 구헌법은 국방위원장의 직무를 '일체의 무력을 지휘 통솔하며 국방 사업 전반을 지도한다'고 규정해놓고 있었다. 김영남의 추대 연설 등을 통해 국방위원장이 국가 전반을 통치하는 최고 지도자임은 분명했지만, 문자 그대로의 헌법 규정은 국방위원장이 무력과 국방 사업 전반에 대한 지휘권

북한은 2009년 3월 8일 제12기 최고인민회의 대의원 선거를 통해 대의원 687명을 선출하고, 4월 9일 회의를 열어 헌법을 개정해 국방위원장을 최고 영도자로 올려놓았다.

을 가진 존재로만 기술하고 있었다.

2009년 헌법은 이를 개정했다. 제100~105조까지 신설되었는데, 모두 국방위원장에 관한 것이었다. 제100조에서 "조선민주주의인민공화국 국방위원회 위원장은 조선민주주의인민공화국의 최고 영도자이다"고 규정해 국방위원장을 실질과 형식 모두에서 최고 지도자로 명문화했다. 제101~105조까지는 국방위원장의 임기, 임무, 권한 등에 관한 것이었다. 임기는 최고인민회의와 동일하게 했고, 전반적 최고 무력의 최고사령관으로 규정했다. 임무와 권한에 대해서는 '국가 전반 사업 지도, 국방위 사업 지도, 국방 부문 간부 임명 및 해임, 조약의 비준 및 폐지, 특사권, 비상사태 · 전시상태 · 동원령 선포' 등을 기술했다. 구헌법은 조약 비준 · 폐지권은 최고인민회의, 전시상태 · 동원령 선포권은 국방위원회의 권한으로 규정했다.

국방위원회에 대해서는 국방위원장의 지시를 받으면서 국가의 중요 정책을 입안 · 감독하는 기관으로 규정해 국방위원회의 권한을 강화하면서 국방위원회가 국방위원장 직할하에 있음을 분명히 했다. 국방위원장과 국방위원회의 권한이 강화된 만큼 최고인민회의와 최고인민회의 상임위원회의 권한은 줄어들었다.

이와 같이 국방위원장을 최고 영도자로 명문화하고 국방위원회의 권한을 강화한 것은 2009년 2월 국방위원회 확대 · 강화의 연장선상에서 국방위원회를 통한 김정은 통치를 원활하게 하기 위한 조치였다. 국방위원회를 장악해 북한의 통치를 자연스럽게 확보하려는 것이었다.

신헌법은 또한 국가의 지도지침에 대해 종전의 주체사상으로 되어 있던 것을 고쳐 주체사상과 선군사상 모두 지도지침으로 규정했다. 김일성의 주체사상을 김정일의 선군사상과 나란히 놓은 것이다. 주권은 구헌법이 '노동자, 농민, 근로 인텔리, 근로 인민'에게 있는 것으로 규정했는데, 신헌법은 여기에 군인을 추가했다. 선군사상의 구체적 표현이었다. 이와 같은 선군사상의 공식 이념화는 군을 앞세운 위기관리 체제의 제도화를 의미하는 것이었다. 위기 체제의 제도화를 통해 체제가 결속된 가운데 원활한 승계를 의도하고 있었다고 할 수 있다.

## 제2차 핵실험

2008년 12월 이후 북한과 미국은 협상의 자리를 마련하지 못했다. 협상이 이루어지지 않으면서 북한은 핵과 장거리 로켓 개발의 길로 나아갔다. 2009년 4월 5일 장거리 로켓 시험 발사를 실시했다. 1998년과 2006년에 이어 세 번째였다. 북한은 시험 발사 전 발사 시기와 궤도 좌표를 국제해사기구IMO에 통보하고 미국에는 별도로 통지했다. 하지만 미국은 로켓 발사 자체가 유엔 안보리 결의를 위반한 것이라고 비난하고, 유엔 안보리는 강력 규탄의 내용을 담은 의장성명을 채택했다.

북한은 여기에 반발하며 핵실험을 할 것이라고 경고했다. 5월 25일에는 실제로 핵실험을 실시했다. 두 번째 핵실험이었다. 제1차 핵실험 때와 같은 함경북도 길주군 풍계리에서였다. 조선중앙통신은 "공화국의 자위적 핵 억제력을 백방으로 강화하기 위한 조치의 일환으로 주체 98년 5월 25일 또 한 차례의 지하 핵실험을 성과적으로 진행했다"고 밝혔다. 폭발력은 4킬로톤 정도였다. 제1차 핵실험 당시 0.5~0.8킬로톤에 비하면 약 5배 높아진 것이다.

제2차 핵실험에 대해 미국과 유엔 안보리는 다시 제재를 추진해 기존 제재를 강화하는 내용의 안보리 대북 제재 결의를 통과시켰다. 여기에 대해 북한은 우라늄 농축 작업에 착수하고 새로 추출한 플루토늄을 모두 무기화하겠다고 나섰다. 핵과 미사일 문제는 점점 더 해결하기 어려운 지경으로 나아가고 있었다.

북한이 2009년 5월에 제2차 핵실험을 실시한 데에는 몇 가지 원인이 있었다. 첫째, 내부적 요인으로 김정은 후계 체제 구축이었다. 김정은은 2009년 1월 8일 후계자로 결정되어 후계 수업을 받고 있었다. 북한 정권으로서는 어느 시기보다 중차대한 국면이었다. 내부적인 결속이 절실하게 요구되었다. 핵실험은 그런 것을 얻는 데 크게 도움이 되었다. 핵무력 확보와 미국에 대한 억지력 강화 등을 내세우며 내부 결속을 강화하는 데 핵실험은 좋은 재료였다. 더욱이 김정은을 후계자로 선전하고 있는 상황에서 핵실험을 하는 것은 핵무력 확보의 공을 후계자 김정은에게 돌릴 수 있었다. 김정은의 업적이 되는 것이다.

둘째, 미국에 대한 자극이었다. 제재를 중심으로 대북 정책을 추진하고 있는 버락 오바마 행정부에 대해 새로운 방안, 다시 말해 협상을 통한 해결을 고려해보라는 신호의 성격이 있었다. 협상이 아니면 자신들은 핵무기를 더 많이 더 정교하게 만들겠다는 이야기였다. 셋째, 핵기술 자체의 업그레이드였다. 영원한 핵무기 보유를 추구하든, 협상의 도구로 사용하든 기술적으로 완전한 핵무기는 북한에 필요했다. 특히 미국과 협상이 안 되고 있는 상황에서 북한은 자신들이 할 수 있는 일은 그런 식으로 능력을 확보해두는 것이라고 여기고 있었다.

이러한 다양한 포석을 염두에 둔 제2차 핵실험은 4킬로톤의 위력을 보여 어느 정도 성공적이었다. 북한은 특히 중국의 거듭된 만류에도 제2차 핵실험을 강행했다. 핵과 미사일에 관한 한 우선 강경한 입장을 견지하겠다는 의지를 제2차 핵실험을 통해 분명하게 보여주었다.

## 원자바오 방북

북한이 핵 문제로 미국과 대립하고 남북 관계도 경색되어 있는 상황에서 2009년 10월 4일 중국의 원자바오 총리가 북한을 방문했다. 그동안 두 차례의 핵실험으로 북중 관계는 전보다는 소원해져 있었다. 더욱이 중국이 대북 제재에 동참하면서 북중 관계는 이전과는 많이 달라졌다. 이런 상황에서 원자바오가 평양을 방문한 것이다.

원자바오는 대규모 대표단을 대동했다. 외교부장 양제츠楊潔篪, 대외연락부장 왕자루이王家瑞, 국가발전개혁위원회 주임 장핑張平, 상무부장 천더밍陳德銘, 문화부장 차이우蔡武, 외교부 부부장 우다웨이武大偉 등이 포함되어 있었다. 2005년 국가주석 후진타오 방북 이후 중국 최고 지도자가 방북하는 것은 4년 만이었다. 방북의 명분은 북중 수교 60주년 기념행사에 참석하는 것이었고, 2009년 3월 김영일 총리의 방중에 대한 답방이었다.

북한은 최고의 대우를 했다. 김정일 국방위원장과 김영남 최고인민회의 상임위원장, 김영일 총리 등이 평양 순안공항까지 마중 나가 환영했다. 거리에 환영하는 군중도 동원했다. 3일 동안 평양에 머물며 원자바오는 김정일과 회담했다. 핵 협상 재개와 북중 경제 협력 방안이 주요 의제였다. 원자바오는 6자회담에 참가할 것을 요청했다. 김정일은 미국과의 양자 회담을 선호한다고 말했다. 그러면서도 원칙적으로는 한반도 비핵화에 찬성한다고 이야기했다.[9]

북한은 미국과의 직접 협상을 통해 핵 문제를 해결하려고 했다. 그동

원자바오 총리는 북중 수교 60주년 기념행사에 참석하기 위해 2009년 10월 4일 대규모 대표단을 대동하고 북한을 방문했다. 왼쪽부터 김영일, 원자바오, 김정일, 김영남.

안에 이루어진 합의들도 양자 대화를 통해 만들어진 뒤 6자회담에서 추인받는 식으로 이루어졌다. 억류된 미국 여기자 2명의 석방 문제와 관련해 2009년 8월 빌 클린턴 전 대통령을 방북하도록 한 것도 미국과의 양자 대화 기회를 마련하기 위한 것이었다. 하지만 중국은 북미 사이에서 문제가 해결되는 것보다는 자신들이 의장국을 맡고 있는 6자회담의 틀 속에서 문제가 해결되는 것을 원했다. 이렇게 선호가 다르긴 했지만, 이 문제에 대해서는 조건만 맞으면 북한이 6자회담에 참여한다는 선에서 합의가 이루어졌다.

경제 지원 문제는 중국이 2,000만 달러 상당의 무상지원을 제공하고, 신의주-단둥 사이 압록강대교를 건설하는 데에도 합의했다. 중국이 북한에 6자회담 복귀를 요청하면서 경제 지원을 약속하는 모양새였다. 이렇게 중국이 북한을 지원·설득에 나선 것은 북한이 전략적으로 필요한 존재였기 때문이다. 심화되는 중국-미국의 경쟁구도 속에서 중국은 북한을 전략적 자산으로 확보할 필요가 있었다. 미국의 대중 포위 전략에 대응해 우군이 필요한 상황이고, 북한은 특히 완충 지대로서 가치도 높다. 그래서 북한에 경제적 지원을 하면서 국제사회와 대화를 통해 핵 문제도 풀어갈 수 있도록 설득한 것이다.

중국으로서는 북한과 친밀한 관계를 유지하면서 이를 미국에 과시할 필요도 있었다. 그렇게 지렛대를 확보하고 있을 때 미국이 중국에 의존하는 바가 커질 수 있는 것이었다. 원자바오는 평안남도 회창군에 있는 인민지원군열사릉도 방문했다. 6·25 전쟁 때 참전했다가 사망한 중국군인들이 묻혀 있는 곳이다. 북한과 전통적 혈맹임을 보여주려는 것이었다. 북한으로서도 중국과의 우호 관계를 과시하는 것은 미국을 긴장시킬 수 있는 것이어서 필요했다. 그래서 김정일이 공항까지 나가 영접한 것이다. 중국과 북한 모두 양국의 소원한 관계를 넘어 더 긴밀해질 필요에 공감해 회담을 하면서도 미국을 청중으로 삼고 있었다.

## 남북정상회담 무산

남북 관계가 안 좋은 가운데에서도 정상회담을 위한 비밀접촉은 있었다. 2009년 10월 싱가포르에서 접촉했다. 남한 대표는 노동부 장관 임태희, 북한 대표는 조선노동당 통일전선부장 김양건이었다. 북한이 원하는 것은 식량이었다. 남한은 납북자와 국군 포로를 포함한 이산가족상봉이었다. 협의 끝에 두 정상이 만나 이산가족 문제를 합의하고 북한의 조치에 따라 남한이 경제 지원을 하는 것으로 합의했다. 고향 방문을 실시하면 몇 톤, 상봉을 실시하면 몇 톤, 서신 교환을 하면 몇 톤 이런 식으로 하자는 것이었다.[10]

이렇게 비밀합의가 이루어져 정상회담은 성사 직전까지 갔다. 핵 문제도 논의하기로 했고, 정상회담 후 납북자와 국군 포로 몇 명을 데리고 오는 데까지 합의했다. 하지만 막판에 깨졌다. 강경파는 노동부 장관 임태희가 합의를 하면 문제가 될 것이라면서 정상회담 문제를 통일부 장관 현인택에게 넘겼다.[11]

이후 정상회담 문제는 현인택과 청와대 대외전략기획관 김태효, 국가정보원장 원세훈의 손으로 넘어갔다. 대북 강경파들이었다. 이들은 싱가포르 접촉 이후 임태희를 남북정상회담 논의에서 배제했다. 이들은 회담 성사 이후 공을 차지하기 위해 몇 가지를 북한에 더 요구했다. 북한은 이를 수용하지 않았다. 그래서 정상회담은 무산되었다. 이명박 대통령이 2015년 2월 회고록을 냈는데, 당시 정상회담 추진에 대한 대목이 있다.

"북한이 제시한 문서에 의하면 정상회담을 하는 조건으로 우리 측이 옥수수 10만 톤, 쌀 40만 톤, 비료 30만 톤의 식량을 비롯하여 아스팔트 건설용 피치 1억 달러어치를 제공하고 북측의 북한국가개발은행 설립 자본금 100억 달러를 우리 정부가 제공하는 것으로 되어 있었다."[12]

북한이 일방적으로 정상회담을 제안하고 그 대가로 많은 물자와 돈을 요구한 것처럼 묘사되었다. 남북이 서로 원하는 것이 있어서 협의하고, 합의까지 이르렀는데 이렇게 적어놓은 것이다. 100억 달러 요구도 정상회담이 성사되고 남북 관계가 개선되면 북한의 개발은행 설립에 필요한 외자 유치를 지원해달라는 취지였다.[13] 그런데 이것도 일방적으로 요구한 것처럼 쓰어 있다.

남북정상회담과 관련된 내용은 이명박 회고록인 『대통령의 시간: 2008-2013』 5장 '원칙 있는 대북 정책'에 있다. 이 장은 현인택, 김태효, 외교안보수석 비서관이었던 천영우가 이야기한 내용을 작가가 쓰고, 최종적으로 김태효가 감수했다.[14] 이런 과정을 통해 회고록이 나오다 보니 실상을 가장 잘 아는 임태희의 이야기는 반영이 되어 있지 않았다.

정상회담이 결렬된 이후 남북 관계는 더 악화되었다. 싱가포르 접촉 후 5개월 후인 2010년 3월 천안함 사건이 발생했고, 다시 8개월 후 연평도 포격 사건이 일어났다. 남북 관계의 중요한 국면에서 남한 정부 내의 강온 대립이, 그 속에서 강경파의 의식과 주장이 남북 관계에 얼마나 큰 영향을 주는 것인지, 2009년 정상회담 추진 과정이 다시 한 번 실감나게 보여주었다.

## 실패한 화폐개혁

2009년 11월 30일 북한은 화폐개혁을 전격 실시했다. 12월 6일까지 계속되었다. 구화폐 100원을 신화폐 1원으로 바꾸는 조치였다. 은행에 저축한 돈은 10대 1로 바꿔주었다. 처음에는 1가구당 10만 원까지만 교환할 수 있었으나, 주민들의 반발이 심해 1인당 5만 원, 1가구당 20만 원으로 한도를 늘렸다.

공장과 기업소에서 받는 임금은 종전 액수를 그대로 신화폐로 받았다. 100원의 임금을 받던 근로자는 100원을 그대로 새로운 화폐로 받은 것이다. 화폐 교환 후 전반적인 가격 수준은 2002년 7월 1일 수준으로 조정되었다. 시장의 물가가 화폐개혁으로 일시적으로 낮아진 것이다. 근로자들은 임금을 종전 그대로 받게 되어 비교적 여유가 있었다. 화폐개혁 조치와 함께 종합시장을 폐쇄했다. 종전에 존재하던 10일장 형태의 농민시장이 부활하고, 국영상점을 통해 상품을 유통시켰다.

이렇게 북한이 화폐개혁을 단행한 데에는 3가지 목적이 있었다. 첫째는 인플레이션 억제였다. 2002년 7·1 경제관리개선조치로 물가와 임금을 현실화하면서 시장의 물가는 크게 올랐다. 주민들의 생활이 어려워졌다. 화폐개혁으로 인플레이션을 억제할 필요가 있었다. 둘째는 시장 세력 억제였다. 주민 생활에서 시장의 역할이 커지고 시장이 활성화됨에 따라 시장에서 돈을 번 세력의 영향력도 커졌다. 사회주의 체제의 유지와 주민 통제에 이들 세력은 큰 장애물이 되었다. 북한 당국은 이들을 약화시킬 필요가 있었다. 화폐개혁으로 일정한 액수만 신화폐로 교환할 수 있도록 함으로써 이들의 자본력을 약화시킬 수 있었다. 화폐개혁과 함께 종합시장을 폐쇄한 것도 시장 세력 억제책의 일환이었다. 셋째는 재정의 확충이었다. 은행에 저축을 하는 경우 10대 1로 교환해주어 저축을 유도했다. 이를 재정에 활용하려고 했다.

북한은 2009년 11월 말에서 12월 초까지 화폐개혁을 실시하고, 2010년 신년 공동사설에서 '인민 생활의 향상'을 강조했다. 공업과 농업을 발전시키면서 주민 생활의 전반적인 개선을 추진하겠다는 것이다. 1995년 신년 공동사설이 시작된 이래 '인민 생활의 향상'을 강조한 것은 처음이었다. 김정은 승계를 결정해놓은 마당에 경제력도 향상시키고 인민들의 구매력도 높이고 물가도 낮추어 경제사회적 안정 속에서 원활한 승계의 진행을 꾀했던 것이다.

하지만 문제는 곧 나타났다. 높은 임금을 받게 된 근로자들의 쌀과 식료품 등에 대한 구매 욕구는 크게 높아졌다. 시장의 물자 공급은 여전히 달렸다. 그러니 물가는 오를 수밖에 없었다. 화폐를 개혁한 지 1년이 되는 2010년 11월에는 물가가 화폐개혁 이전 수준으로 돌아갔다. 이후에도 계속 올랐다.

물가가 오르는 것은 화폐의 가치를 떨어뜨리는 것이었다. 그렇게 되자 시장에서 달러나 위안화가 선호되는 현상이 심해졌다. 민족적 자립경제를 부르짖는 북한의 경제가 자국 화폐보다는 달러나 위안화 같은 외국 화폐에 의존하게 된 것이다. 누군가 책임을 져야 했다. 희생양은 박남기 당 계획재정부장이었다. 그는 2010년 3월에 총살된 것으로 전해진다.

# 평양 주재

## 영국 대사가 본

## 2008년

존 에버라드John Everard는 2006년 2월부터 2008년 7월까지 평양 주재 영국 대사로 근무했다. 당시의 경험을 『영국 외교관, 평양에서 보낸 900일』이라는 책으로 펴냈다. 2년 반 가까이 북한 생활을 하면서 그는 많은 북한 사람과 대화를 해보려 했고, 많은 것을 관찰하려고 했다. 그렇게 보고 들은 내용을 책에 기술해놓아 북한에 관심 있는 많은 사람에게 좋은 참고자료를 제공했다. 2008년의 북한 상황도 소상히 알려주었다.

그는 평양에 살면서 가끔 시장에 갔다.[15] 시장은 보통 상품별로 구역이 구분되어 있었다. 과일구역, 생선구역, 고기구역, 채소구역, 주류구역, 담배구역 등이 있었다. 어떤 시장은 상인들이 구역마다 다른 색깔의 조끼를 입고 있기도 했다. 고기구역과 생선구역에는 대개 파리가 들끓었다. 어느 날 에버라드는 평양 통일시장의 주류구역에서 북한산 레드와인을 2병 샀다. 나중에 영국에서 손님들을 대접하기 위해 내놓았다. 그런데 그것은 와인이 아니었다. 희석한 블랙 커런트black currant 주스였다.

2008년 어느 날 평양의 한 시장에서 스카치위스키를 발견했다. 가격이 영국의 절반도 안 되었다. 살까 말까 고민했다. 하지만 블랙 커런트 주스 생각이 나서 사지 않았다. 소주는 시장에도 있고, 평양 시내 지하도 좌판에서도 쉽게 구할 수 있었다. 한 병에 500원이었다. 근로자 한 달 임금이 3,000~4,000원이었으니 저렴한 편은 아니었다. 그런데 1유로는 4,500원이었다. 외화를 가지려는 사람이 많았기 때문에 비쌌다.

시장 주변에는 고주망태가 되어 길거리에 누워 있는 사람도 가끔 보였다. 북한 사람들은 술을 좋아하는 편이었다. 담배도 많이 피웠다. 담배의 질은 낮은데 줄담배를 피우는 사람이 많았다. 하지만 여성이 담배를 피우는 것은 한 번도 보지 못했다.

평양 사람들은 먹는 문제는 그럭저럭 해결하고 있었는데, 겨울 난방이 문제였다. 고급 아파트조차도 난방이 안 되는 경우가 많았다. 대부분 잘 때도 옷을 몇 겹씩 껴입고 잤다. 전기도 끊기는 경우가 잦았다. 대부분 가정들은 배터리로 작동되는 할로겐 전등을 달고 있었다. 급수도 문제였다. 단수가 잦아 물이 나올 때 많이 받아놓아야 했다. 쓰레기 수거는 효율적으로 되고 있었다. 주택 단지마다 큰 쓰레기 수거함이 한쪽 벽에 달려 있었다. 수거 차량이 수거함 아래 멈춰 수거함의 바닥을 열면 쓰레기가 트럭에 실리는 방식이었다.

평양의 대중교통은 버스, 궤도전차, 무궤도전차, 지하철 등이 있었는데, 아주 낡은 차량들을 사용했다. 특히 버스와 궤도전차는 동독이 쓰던 것을 기증받은 것이나 체코와 스위스에서 중고를 사들인 것이었다. 전차는 단전으로 서는 경우가 많았다. 그래서 아예 1시간 정도 걸어서 출퇴근하는 사람도 많았다. 자전거를 이용하는 사람들도 있었다. 그런데 여성들은 평양 중심부에서는 자전거를 타지 못했다. 김정일이 여성답지 못한 것으로 생각했기 때문이라고 이야기했다. 교통량이 적어 평양의 공기는 맑은 편이었다. 평양 중심부에서 꾀꼬리와 까마귓과의 어치를 발견할 수 있었다. 딱따구리도 있었다. 에버라드는 평양 주변에서 맑은 공기를 마시며 자전거 타는 것을 즐기기도 했다.

에버라드는 공장 몇 군데를 다녀보았는데, 작업 현장에는 어디나 정치적 구호들이 적혀 있었다. '이달의 노동자'를 선정해 게시판에 게시하는 곳도 많았다. 임금을 얼마나 받느냐는 물음에는 모두 명쾌하게 답변을 하지 않았다. 노동자가 공장을 배정받고 웬만하면 이동하지 않는 것은 옛날 이야기이고, 다른 곳으로 옮기는 것도 그다지 어렵지 않게 할 수 있었다.

평양의 외국 대사관들은 집단농장 한 군데와 자매결연이 되어 있었다. 대사관은 농촌에 필요한 것들을 선물로 가끔 전해주고, 그 농장으로 시골 나들이를 하기도 했다. 농장들이 가장 받고 싶어 하는 것은 기름이었다. 농기계를 작동시키는 데 연료가 모자랐기 때문이다. 대사관들은 기름을 주면 군대로 갈 우려가 있다면서 주지 않으려고 했다. 그다음으로 원하는 것은 고무장화였다. 농민들은 대부분 맨발로 논일을 하고 있었다. 에버라드가 보기에 농촌은 먹는 것은 그다지 모자라 보이지 않았다. 집들도 평양의 비좁은 아파트보다는 나았다. 세간은 간소했지만 공간은 비교적 여유 있었다.

외국 대사관들은 북한과 다양한 형태로 관계를 형성하고 있었다. 러시아와 중국은 가족을 포함해 100명 정도가 외교 단지에 거주하면서 북한과 긴밀한 관계를 형성하고 있었다. 이란도 한때는 대사관 직원이 20명까지 될 만큼 북한과 돈독한 관계를 유지하고 있었다. 유럽 국가들 가운데는 독일 대사관이 8명으로 가장 많았다. 나머지 국가들은 4~5명 정도가 근무했다. 유럽 외교관들은 북한에 대해 비판적인 이야기도 내부적으로는 많이 했다. 팔레스타인 대표부는 북한 정권이 직원 월급과 운영 경비까지 지급하면서 유지하고 있었다.

에버라드는 2년이 넘는 동안 북한을 많이 알려고 노력했고, 북한과 관련된 자료를 많이 보았지만, 그럴수록 이해하기 어려운 나라가 북한이라는 것도 깨닫게 되었다. 꽤 오랜 기간을 머무르면서도 북한 사회의 표면만을 살필 수밖에 없었고, 어느 것 하나 깊이 볼 수 없었다. 조금 알고 있는 것이 정확한 것인지 확인할 길도 없었다.

# 2010~2011년

**제6장**

×××

# 김정일 사망

## 종합시장 재개

2009년 11월 말 화폐개혁과 함께 종합시장을 폐쇄한 것은 농민시장과 국영상점을 통해 주민 생활에 필요한 상품을 충분히 공급할 수 있다고 보았기 때문이다. 하지만 현실은 아니었다. 종합시장이 폐쇄되고 겨울을 맞은 북한 주민들은 식량을 구하는 데 큰 어려움을 겪었다. 북한 당국은 배급을 재개하려고 했지만, 식량과 재정이 부족했다. 국영상점에 대한 식료품과 공산품 공급도 제대로 이루어지지 않았다.

그에 따라 시장의 물가는 급속하게 올랐고, 주민들의 생활은 어려워졌다. 북한 당국은 대응책 마련에 나서 2010년 2월에 대책을 내놓았다. 첫 번째는 경제정책 실패에 대한 책임을 물어 당 계획재정부장 박남기를 숙청했다. 박남기는 3월에 계획재정부 부부장 리태일과 함께 처형된 것으로 전해졌다. 두 번째는 주민들에게 직접 사과했다. 내각 총리 김영일이 나서서 평양 시내 인민반장 수천 명을 모아놓고 화폐개혁과 종합시장 폐쇄 등에 대해 사과하고 대책 마련을 약속했다.[1] 매우 이례적인 일이었다. 세 번째는 종합시장 재개였다. 2009년 화폐개혁과 함께 폐쇄한 종합시장의 문을 다시 열었다. 이와 같은 북한의 긴급조치는 당시 주민들의 요구가 거셌음을 짐작하게 해준다. 생존과 관련된 문제인 만큼 주민들의 대책 마련 요구는 강했고, 위기의식을 느낀 북한 당국이 희생양을 만들고 종합시장을 재개하는 결정을 신속하게 진행한 것이다.

2010년 6월 7일에는 최고인민회의를 열었다. 2개월 전에 결산보고와 예산평가를 위한 최고인민회의가 열었는데, 또 열었다. 김정일이 직접 참석했다. 여기서 내각 총리 김영일을 해임했다. 역시 경제정책 실패에 대한 문책이었다. 그 대신 최영림을 총리로 임명했다. 부총리도 곽범기, 오수영, 박명선을 해임하고 강능수 등 6명을 새로 임명했다. 기존 5명이던 것을 8명으로 늘렸다. 경제 문제를 중점적으로 다루기 위한 조치였다.

북한은 경공업과 인민 생활 향상에 관심을 쏟았다. 2011년 신년 공동사설의 제목은 「올해에 다시 한 번 경공업에 박차를 가하여 인민 생활과 강성대국 건설에서 결정적 전환을 일으키자」였다. 화폐개혁과 종합시장 폐쇄로 인한 후유증에서 벗어나 주민들의 실제 생활수준이 높아지도록 하겠다는 것이다. 김정일과 김정은의 현지 지도도 인민 생활과 관련된 것이 많았다. 김정일은 2011년 초부터 12월 17일 사망할 때까지 모두 140여 회의 현지 지도를 했고, 그 가운데 94번은 김정은을 대동했다. 이 가운데 많은 곳이 생활 소모품을 생산하는 경공업 현장이었다.

## 천안함 사건과 연평도 사건

2010년 3월 8일 남한과 미국은 '키 리졸브Key Resolve' 한미합동군사 연습을 시작했다. 주한미군 1만여 명, 증원 미군 8,000여 명이 참여하는 대규모 훈련이었다. 한미 연합 야외기동훈련인 독수리훈련도 함께 치러졌다. 북한은 북침 연습이라면서 맹비난했다. '키 리졸브'는 18일에 끝났지만, 독수리훈련은 30일까지 예정되어 있었다. 23일부터는 서해상에서 한미합동훈련이 시작되었다. 미 해군 이지스함 2척과 남한군 이지스함이 참여하는 대규모 훈련이었다.

훈련이 계속되고 있는 가운데 3월 26일 오후 5시쯤 해군 1,200톤급 초계함 천안함은 서해 백령도 인근에서 시속 2노트 정도의 저속으로 기동하면서 머물고 있었다. 저녁 9시 22분 갑자기 큰 폭발음이 났다. 두 차례였다. 그러면서 배는 침몰해갔다. 인근에 있던 초계함과 고속정, 해경 함정 등이 긴급 구조에 나섰다. 하지만 선체가 두 동강나며 빠르게 침몰하는 바람에 신속한 구조가 어려웠다. 탑승하고 있던 104명 중 40명은 사망하고 6명은 실종되었다.

남한 정부는 민관합동조사단을 꾸려 조사에 들어갔다. 남한 민간전문가 25명, 남한군 전문가 22명, 국회 추천 전문위원 3명, 미국·호주·영국·스웨덴의 전문가 24명으로 구성되었다. 2개월 뒤 조사결과를 발표했다. 북한이 소형 잠수정을 이용해 어뢰를 발사해 침몰시켰다는 것이다. 이에 따라 이명박 정부는 5월 24일 개선공단을 제외한 북한과의 교류 협력을 중단했다.

북한은 자신들의 소행이 아니라며 남한에 공동조사를 요구했다. 이명박 정부는 일축했다. 2008년 7월 금강산 관광객 피격 사망 당시에는 이명박 정부가 북한에 공동조사를 요구했는데, 북한이 거부했다. 그런데 이번에는 반대로 북한의 요구를 이명박 정부가 거부했다. 조사단의 조사결과에 대한 의문도 제기되었다. 러시아의 조사단은 "어뢰가 아니라 기뢰 폭발일 가능성이 높다"고 밝혔다.[2] 남한군이 1970년대 중반 설치했다가 유실된 기뢰機雷가 폭발했을 가능성을 제기한 것이다. 그 밖에도 어뢰 추진체에 쓰여 있는 '1번'이라는 글씨의 연소 문제 등 몇 가지 문제에 대해 전문가들의 의문 제기도 있었다.

이 사건에 대한 국제사회의 관심도 높아 유엔 안보리 안건으로도 상정되었다. 미국은 강력한 성명을 내려고 했지만, 중국이 반대했다. 결국 "북한에 천안함 침몰의 책임이 있다는 결론을 내린 민군합동조사단의 조사결과에 비추어 깊은 우려를 표명한다"는 내용의 의장성명을 내놓았다. 하지만 미국이 추진했던 '북한 책임 적시'는 실현되지 않았다. 한반도를 두고 미국과 중국이 첨예한 경쟁을 벌이고 있음을 천안함 사건은 여실히 보여주었다.

그런가 하면 남한 사회에서 사건 이후 많은 논쟁이 벌어졌다. 보수는 북한의 소행으로 믿었고, 진보는 명확한 증거가 없다고 보면서 논쟁이

민관합동조사단은 북한이 소형 잠수정을 이용해 어뢰를 발사해 천안함을 침몰시켰다고 발표했지만, 러시아 조사단 등 전문가들은 몇 가지 의문을 제기했다. 민간 해난 구조업체와 해군 해난 구조대가 천안함 함미 부분을 인양하고 있다.

가열되었다. 용어를 두고도 의견이 갈렸다. 보수는 '천안함 폭침 사건', '천안함 피격 사건' 등의 용어를 썼다. 남한 정부도 동일한 용어를 썼다. 진보는 '천안함 침몰 사건'을 주로 썼다. 이 논쟁은 지금도 계속되고 있다.

8개월 후인 2010년 11월에는 북한이 연평도에 대규모 포격을 가하는 사건이 발생했다. 남한군은 11월 23일 연평도 근해에서 사격 훈련을 계획하고 있었다. 북한은 "사격 훈련 예정 지역은 경계선이 획정되지 않은 곳이니 사격 훈련을 중지하라"고 경고했다. 그러나 훈련은 강행되었다. 북한은 연평도의 해병대 기지와 민간인 마을에 포격을 가했다. 해안포와 곡사포 등 100여 발이 발사되었다. 군인과 민간인 합쳐 4명이 사망하고 26명이 부상을 당했다. 1953년 휴전 이후 북한이 민간인을 상대로 대규모 공격을 감행한 것은 처음이었다.

두 사건 모두 남한의 훈련 계획과 그에 대한 북한의 경고에 이어 일어났다. 남북 관계가 경색되어 의사소통이 안 되는 사이 일어난 것이다. 교류가 되고 대화가 이루어지는 관계였더라면 분쟁 지역 인근에서 상대를 자극하는 일은 서로 자제했겠지만, 당시는 그런 관계가 아니었다. 남북이 경색 관계 속에서 발생한 대형 사건은 다시 관계를 악화시켰다.

## 김정일 · 김정은의 김일성 유적지 순례

2010년 8월 김정일의 방중은 누구도 예상하지 못했다. 불과 3개월 전 김정일은 베이징을 다섯 번째로 방문해 후진타오와 정상회담을 하고 경제·무역협력과 고위층 교류를 합의했다. 게다가 8월 25일 전 미국 대통령 지미 카터Jimmy Carter가 평양에 들어갔다. 억류된 미국인 석방 문제를 논의하기 위해서였다. 그런데 김정일은 25일 밤 평양을 떠나 방중길에 올랐다. 중국 가는 길도 예전과 달랐다. 신의주-단둥 길을 이용하지 않고, 만포-지안集安 노선으로 갔다.

중국에 들어선 김정일의 열차는 지린성吉林省 지린吉林으로 향했다. 먼저 방문한 곳은 김일성이 다닌 위원毓文중학교였다. 김정일의 여섯 번째 방중은 위원중학교를 시작으로 김일성의 과거 행적을 좇는 것이었다. 지린성의 성도 창춘長春을 거쳐 김일성이 활동했던 동북항일연군의 기념관이 있는 하얼빈哈爾濱과 김일성의 항일유적지가 있는 무단장牡丹

江을 방문했다.

당시 방중에 김정은도 동행했던 것으로 보인다. 중국 정부는 이를 확인해주지는 않았다. 하지만 김정은이 왔느냐는 기자들의 질문에 "초청 명단에는 없었던 것으로 안다"고 에둘러 답했다. 중국이 통상 확답하기 어려울 때 쓰는 화법이다. 뇌졸중에서 회복한 김정일은 김정은 후계자 승계 작업을 진행하면서 김정은의 권위를 강화하는 방안을 고민했다. 김일성의 독립운동 유적지 순례는 김일성의 후광이 김정은에게 비추도록 해서 권위를 높여줄 수 있는 방책이었다. 그런 목적으로 김정일은 김정은을 대동하고 중국을 방문했던 것으로 여겨진다.

나중에 조선중앙통신이 공개한 김정일과 후진타오의 발언 내용들도 김정은의 방중을 시사하는 것이 많았다. 김정일은 "복잡다단한 국제정세 속에 조중 친선의 바통을 후대들에게 잘 넘겨주는 것은 우리의 역사적 사명"이라고 말했고, "대를 이어 조중 친선을 강화·발전시켜 나가는 것은 동북아시아와 세계의 평화 안정을 수호하는 데 중요한 문제"라고 강조하기도 했다. 이에 대해 후진타오는 "조중 친선을 시대와 더불어 전진시키고 대를 이어 전해가는 것은 쌍방의 역사적 책임"이라고 호응했다.[3] '대를 이어'를 강조하면서 권력 승계 이후에도 혈맹 관계를 이어가자고 약속한 것이다.

김정은을 중국 지도부에 소개하는 것도 방중의 중요한 목적이었다. 북한과 중국은 새로운 지도부가 들어서면 상견례를 하는 것이 전통이었다. 김정일도 1983년 비밀리에 베이징을 방문해 덩샤오핑을 비롯한 중국 최고 지도부와 상견례를 한 바 있었다. 후진타오를 비롯한 중국 지도부는 김정일의 김일성 유적지 순례길 가운데에 있는 창춘까지 이동해 김정일과 정상회담을 했다. 여기서 김정은이 소개되었을 가능성이 높다.

정상회담에서는 양국의 경제협력 방안도 논의되었다. 주로 '창지투(창춘, 지린, 투먼) 개발계획'과 그에 대한 북한의 참여 방안이 논의되었던 것으로 전해진다. 중국은 2010년 초 창지투 프로젝트를 국가 사업으로 정하고 동북 지역 개발에 주력하고 있었다. 이 지역의 장기발전을 위해서는 북한의 라진항·청진항 등과의 연계가 중요했다. 그런 문제가 집중적으로 논의되었다. 협의 과정에서 후진타오는 북한의 개방을 다시 주문했다. "경제발전을 하려면 자력갱생도 중요하지만 외부와의 협력이 필요하다"면서 개방을 주문했다. 중국은 이런 내용을 중국 관영 CCTV를 통해 공개하면서 북한의 개방을 압박하는 모습이었다.[4] 김정일도 귀국길에 북한과 접경하고 있는 투먼圖們에 내려 20분 정도 머물면서 '이 지역에 관심이 많다'고 했다고 한다. 중국과의 개발 협력에 대한 관심을 표시한 것이다.

요컨대 2010년 8월 김정일의 방중은 3가지 목적을 갖고 있었다. 첫째는 김일성 유적지 순례를 통한 김정은의 권위 강화, 둘째는 중국과의 경제협력 확대, 셋째는 천안함 사건으로 국제적으로 경계의 시선을 받고 있는 상황에서 중국과의 유대 강화를 통해 외교적 활로를 모색하는 것이었다.

## 김정은 후계 공식화

김정은을 후계자로 확정한 뒤 1년 8개월 동안 견습기를 거친 북한은 2010년 9월 김정은의 후계를 공식화했다. 2010년 9월 27일 김정일이 김정은에게 첫 번째로 준 공식 직위는 조선인민군 대장이었다. 그 다음 날 제3차 당대표자회가 열렸다. 여기서 김정은은 조선노동당 중앙군사위원회 부위원장이 되었다. 부위원장은 원래 없는 직책이었는데 신설했다. 이때부터 북한 전역에 그에 대한 교육 자료, 사진, 배지 등이 배포되었다. 군과 국가보위부, 인민보안부 등 정권 안보에 핵심 역할을 하는 기관의 수장들은 김정은에게 자주 보고하기 시작했다. 김정일과 권력을 공유하게 된 것이다. 김정일이 사망하는 2011년 12월까지 1년 3개월 동안 이러한 관계는 계속되었다.

제3차 당대표자회는 1966년 제2차 당대표자회 이후 44년 만에 열렸다. 1980년 당대회가 열린 이후로도 30년 만이었다. 당의 공식 체제가 30년 만에 복원된 것이다. 중앙위원회, 정치국, 중앙군사위원회가 구성원을 채우면서 그 기능을 되찾았다. 당 규약도 개정되었는데, 중앙군사위원회의 기능을 강화하는 내용이었다. 기존의 자문적 성격에서 군사와 군수를 지휘·통제하는 상설기구로 강화되었다. 김정은은 이 기구의 사실상의 수장이 되면서 당과 군에서 동시에 자신의 권력을 강화했다. 개정된 당 규약은 군내 당 조직의 역할도 강화했다. 또, 당의 '김일성사회주의청년동맹'에 대한 통제력도 높였다. 이러한 조치는 당의 조직화와 당의 권한 강화를 통해 김정은의 통제력을 강화하려는 것이었다.

제3차 당대표자회에서 정치국 위원과 후보위원 32명 가운데 25명이 새로 선출되었고, 당비서는 10명 중 8명, 당중앙군사위원은 19명 중 16명, 당중앙위원은 124명 중 94명이 새롭게 선출되었다. 2009년 2월의 세대교체에 이은 제2차 세대교체였다. 김정은의 후견 세력들이 분명하게 자리를 잡는 모양새였다. 리영호는 정치국 상무위원이 되었고, 김경희와 강석주는 정치국 위원에 선출되었다. 장성택, 최룡해, 문경덕은 정치국 후보위원이, 장성택과 김경옥은 당중앙군사위원이 되었다. 황해북도, 함경북도, 자강도의 당 책임비서까지 새로 선출되었는데, 기존 지방 관료들과 시장에서 돈을 번 세력의 유착을 차단하고 김정은의 지방에 대한 장악력을 확대하기 위한 것이었다.

2010년 9월부터는 함경북도, 량강도, 평안북도 등 중국과의 접경 지역 주민들에 대한 단속을 대폭 강화했다. 이 지역 조선노동당 간부들도 젊은 층으로 대폭 교체했다. 김정은 정권의 하부 엘리트를 새롭게 구축하는 작업을 진행한 것이다. 11월부터는 조선노동당 당원들에 대한 쇄신 작업이 대대적으로 실시되었다. 60세 이상의 당원은 명예당원으로 돌리고, 그 자리를 20~30대의 젊은 당원들로 채웠다. 새로운 분위기 속에서 김정은 권력 승계가 원활하게 진행되도록 한 것이다.

김정은은 경제 문제에 많은 관심을 쏟았다. 2010년 10월 함경북도 김책시를 방문해 김정은은 "과거엔 식량이 없더라도 총알이 없어선 안 되었지만, 지금은 총알이 없어도 식량은 없으면 안 된다"고 말했다고 한다.[5] 인민 생활을 개선해 자신에 대한 지지 기반을 강화하려는 생각

김정은은 2010년 9월부터 2011년 12월까지 보안기관이나 군부대 방문을 41번이나 했다. 2010년 10월경 김정일이 김정은과 함께 조선인민군 851부대를 방문해 기념촬영을 했다. 앞줄에 김정일 · 김정은과 함께 김영춘, 리영호, 김기남, 김경희 등이 보인다.

이었다. 2011년『로동신문』신년 공동사설은 경공업의 발전과 인민 생활의 향상을 특히 강조했는데, 이 또한 같은 맥락에서 나온 것이라고 보아야 할 것이다.

이와 함께 김정은은 군과 보안기관에도 관심을 쏟았다. 2010년 9월부터 2011년 12월까지 공개 활동을 모두 134번 했는데, 그 가운데 보안기관이나 군부대 방문이 41번이었다.[6] 징계도 엄하게 했다. 2011년 초에는 인민보안부장 주상성을 김일성 동상 훼손을 막지 못한 점을 들어 숙청하고, 국가보위부 부부장 류경을 부패 혐의로 숙청했다. 2011년 6월에는 경제난 대처 미흡을 이유로 홍석형 당 계획재정부장을 해임했다.

1995년에 해체되었던 3대 혁명소조가 2011년 상반기부터는 다시 활성화되었는데, 이 또한 김정은 승계와 관련된 것으로 보인다. 소조원들은 각 공장과 기업소, 협동농장 등에 파견되어 사상과 문화와 기술 방면에서 혁신을 주도했다. 예를 들어 평안북도 태천군 은흥협동농장에 파견된 소조원들은 성장 촉진제를 스스로 개발해 작물 생산성을 높였고,[7] 강원도 문천시의 문천발브공장에 파견된 소조원들은 공장 내 기술혁신 작업을 주도하고 컴퓨터공학이나 재료공학에 대한 강의를 해주기도 했다.[8]

3대 혁명소조를 통해 김정은 권력 승계의 정당성을 북한 사회 전체에 효과적으로 선전하려는 시도였던 것으로 여겨진다. 1970년대 중반 3대 혁명소조는 북한의 전 지역에 파견되어 김정일 승계의 당위성을 선전하는 작업을 진행했다. 당시에 중요한 기능을 수행했던 3대 혁명소조가 40년 만에 부활해 김정은 승계에도 활용된 것이다. 권력 공유기에 김정은 권력 승계 작업은 당 체계의 확립과 세대교체, 당 쇄신, 경제·민생에 대한 관심, 보안기관 장악, 3대 혁명소조 부활 등 다양한 전략이 동시에 활용되면서 진행되었다고 할 수 있다.

## 우라늄 농축시설 공개

북미 사이 대화가 안 되고 경색 국면이 이어지고 있는 가운데 미국 스탠퍼드대학 국제안보협력센터 소장 지그프리드 헤커Siegfried Hecker가

2011년 11월 평양을 방문했다. 오랫동안 북한의 핵 문제를 관찰해온 인물이다. 네 번째 방북이었다. 스탠퍼드대학 명예교수 존 루이스John Lewis와 전 국무부 북한 분석관 밥 칼린Bob Carlin 등과 함께였다. 북한은 그에게 자신들이 갖고 있는 우라늄 농축시설을 공개했다. 농축시설 가운데 원심분리기 수백 기를 갖춘 시설을 그들에게 보여주었다. 영변 핵단지 안에 있었다. 주변의 다른 핵시설은 낡았지만, 우라늄 농축시설은 초현대식이었다. 제어실도 첨단이었다.

북한은 헤커에게 이를 보여주면서 "2010년 4월에 건설을 시작해 며칠 전 완성했다"고 설명했다. 또, "원심분리기 2,000기가 이미 설치되어 가동 중"이라고 말했다. 그러면서도 자신들이 건설 중인 경수로용 연료를 만들기 위한 시설이라고 했다. 발전용, 즉 평화적인 용도임을 강조했다.

2009년 4월까지는 국제원자력기구의 사찰관들이 영변 핵단지에 머물렀다. 그때까지는 우라늄 농축시설이 없었다. 그러니까 2010년 4월부터 건설하기 시작했다는 북한의 설명은 사실로 보인다. 사찰관들이 철수한 이후 북미 대화가 악화되면서 북한은 농축시설 건설에 착수했다. 북한은 헤커에게 원심분리기를 "일본과 네덜란드 모델을 응용해 제작했다"고 설명했다. 이는 구형인 파키스탄 모델보다 농축 능력이 뛰어났다. 북한은 실제로 "경수로용 연료인 저농축우라늄LEU을 연간 2톤 생산할 수 있다"고 헤커에게 말했다.[9] 이는 핵무기 제조용 고농축우라늄으로 환산하면 40킬로그램 정도 된다. 핵무기 2기를 생산할 수 있는 양이다.

북한은 지그프리드 헤커, 존 루이스, 밥 칼린 등에게 영변 핵단지 안에 있는 우라늄 농축시설을 공개했다. 1994년 제1차 북핵 위기의 진앙지 영변 핵시설.

  방북 후 헤커는 이 정보를 백악관에 전했다. 미국은 기민하게 움직였다. 대북 정책 특별대표 스티븐 보즈워스Stephen Bosworth를 남한, 중국, 일본에 파견해 관련 정보를 전하고 대응 방안을 협의했다. '심각한 도발 행위'라고 규정하고, '나쁜 행동'에 대해 보상은 있을 수 없다는 데에 의견을 같이했다. 유엔 안보리 상정도 추진했다. 중국의 반대로 무산되긴 했지만, 북핵 문제를 둘러싼 북한과 한미일 사이의 갈등은 더 심화되었다.

  이렇게 북한이 핵 활동을 그것도 미국 전문가들을 불러 공개한 것은 북미 대화를 압박하기 위한 것이었다. 헤커에게 농축시설을 보여주면서 '2000년 북미공동코뮤니케'를 거론했는데, 이는 북미 관계 개선을 위한 직접 협상을 갖자는 신호였다. 당시 공동코뮤니케는 북미 간의 상호 인정과 대화를 통한 북미 관계 개선과 정전협정의 평화협정 전환 등을 합의한 내용이었다. 북한을 대변하는 조총련 기관지 『조선신보』도 "미국이 조선에 압박을 가하는 길을 택한다면 핵 억제력 강화 노선의 적극적인 추진으로 조선을 떠밀 수 있다" 면서 대화를 강조했다.[10]

북한은 우선 북미 대화를 원했지만, 이를 통해 진정 얻으려 했던 것은 김정은의 안정적인 권력 승계였을 것이다. 김정은이 당중앙군사위원회 부위원장으로 취임하면서 후계자로 공식화된 마당에 미국에 새로운 핵 관련 시설을 제시하며 대화를 이루어 외환外患이 무마된 상태에서 승계 작업을 순조롭게 진행하려고 했다. 하지만 미국, 남한, 일본에는 이런 것이 '나쁜 행동' 이상도 이하도 아니었다.

## 김정일 사망

김정일은 2008년 10월 뇌졸중에서 회복한 뒤 11월부터는 현지 지도를 다시 시작했다. 왼쪽 팔이 불편했지만 외부 활동에 적극 나섰다. 경제 현장 방문이 많았다. 인민 생활이 안정되어야 권력 승계도 자연스러울 것이라는 생각 때문이었다. 그의 마지막 공개 활동도 12월 15일 평양의 대형마트인 광복지구상업중심 방문이었다. 주민들의 실생활과 직결된 곳을 방문한 것이다. 외유도 많이 했다. 2010년 5월과 8월,

2011년 5월에 중국을 방문했다. 2011년 8월에는 러시아에 갔다가 중국을 들러서 왔다. 이러한 대외 활동 역시 경제 지원과 외교적 활로 확보를 위한 것이었다.

뇌혈 관계가 완전치 못한 김정일에게 이러한 활동은 큰 부담이었던지 2011년 12월 17일에 사망했다. 직접적 사망 원인은 중증급성 심근경색이었다. 달리는 열차 안에서 심근경색이 발생하고 심장성 쇼크가 일어나 응급치료를 했지만 오전 8시 30분에 숨을 거두었다. 김일성도 1994년 7월 남북정상회담을 준비하던 중 심근경색과 심장성 쇼크로 사망했는데, 김정일도 같은 원인으로 사망했다.

김정일의 사망은 12월 19일에 발표되었다. 조선중앙TV는 오전 9시부터 방송을 시작했다. 평일에는 오후 5시부터 방송을 했는데, 이날은 일찍 방송을 시작했고, 낮 12시부터 특별방송이 있다는 예고도 했다. 12시에 검은 상복을 입은 여성 아나운서가 등장했다. 평소 분홍 한복을 즐겨 입던 아나운서였다. 그녀는 울먹울먹하면서 특별보도문을 낭독하기 시작했다.

"위대한 영도자 김정일 동지께서 주체 100, 2011년 12월 17일 8시 30분에 현지 지도의 길에서 급병으로 서거하셨다."

이렇게 김정일 사망이 공식 선언되었다. 조선중앙TV는 장송곡과 〈김정일 장군의 노래〉 같은 추모곡을 내보내기 시작했다. 시민들은 평양 시내 곳곳의 김정일 초상화와 동상에 모여들어 오열했다.

북한은 김정일 사망 이후 이틀 동안 김정은 중심으로 내부 체제를 정비하는 작업을 진행했다. 19일 12시 조선중앙TV를 통해 방송된 김정

조선중앙TV는 "위대한 영도자 김정일 동지께서 주체 100, 2011년 12월 17일 8시 30분에 현지 지도의 길에서 급병으로 서거하셨다"라고 김정일의 사망을 공식 발표했다. 김정일의 사망 소식을 전한 2011년 12월 20일자 『로동신문』.

일 사망 관련 특별보도문은 "우리는 김정은 동지의 영도 따라 슬픔을 힘과 용기로 바꾸어 오늘의 난국을 이겨내 주체혁명의 위대한 새 승리를 위하여 더욱 억세게 투쟁해나가야 한다"고 밝혀 사망 발표 전 김정은에 의해 체제가 정비되었음을 공표했다. 특별보도문은 당중앙위원회와 당중앙군사위원회, 국방위원회, 최고인민회의 상임위원회, 내각의 공동명의로 되어 있었다.

사망 발표 전 중국에 사망 소식을 전하면서 협조도 구했을 것으로 보인다.[11] 중국 정부는 사망 소식을 미리 통보받았는지에 대해 "더 자세한 소식을 제공할 것이 없다"며 신중한 모습을 보였지만, 중대 사안에 대해서는 사전에 정보를 제공하는 양국의 전통적인 관례에 따라 사전 통지는 이루어졌을 것이다.

장의위원회의 위원 232명의 명단도 발표되었다. 김정은이 맨 앞이었고, 다음으로 최고인민회의 상임위원장 김영남, 내각 총리 최영림, 당 중앙군사위원회 부위원장 리영호, 당 정치국 위원 김영춘·전병호·김국태·김기남 등의 순서였다. 김정일의 사망 이틀 만에 권력 서열을 정리해 발표함으로써 김정은이 그동안의 승계 과정을 통해 권력을 비교적 안정적으로 장악했음을 보여주었다. 권력 서열이 당 정치국 상무위원, 정위원, 후보위원 순으로 발표되어 당 중심으로 김정은 체제가 정비되고 있음도 알게 해주었다. 또한, 김정은의 친형제 김정철과 김여정 등은 장의위원 명단에서 배제되어 역시 당의 공식 시스템 중심의 통치를 예고하고 있었다.

## 김정은 승계 완료

김정일이 사망하면서 김정은은 부문별 최고 수위를 차지해가면서 북한의 권력을 완전히 장악했다. 김정일 사망 13일 뒤인 12월 30일 김정은은 조선인민군 최고사령관에 올랐다. 군 통수권을 확보하는 것이 급선무였고, 조선인민군 최고사령관에 먼저 오른 것이다. 선군정치가 계속되고 있던 상황에서 군을 장악하는 것이 다른 어떤 것보다 우선이었다. 군 최고사령관에 오르면서 사실상 권력을 완전히 장악했다. 이후 김정은은 당과 국가기관의 수위에 차례로 오르는 과정을 밟았다.

　전통적인 혈맹 관계인 중국의 지지도 중요했는데, 중국은 김정일 사망 직후 한반도의 평화와 안정을 위해 북한과 협력할 것이라고 밝혀 김정은 정권에 대한 지지 의사를 표명했다. 중국 정부는 베이징에 주재하는 남한, 미국, 일본, 러시아 대사에게 전화를 걸어 북한을 자극하는 일을 삼갈 것을 당부하기까지 했다. 제3국의 일이어서 외교적 결례가 될 수 있음에도 중국은 북한을 지원하기 위해 그렇게 했다. 김정일이 사망 전 중국을 자주 방문한 것은 이와 같은 분명한 지지를 기대했기 때문이다.

　중국은 경제성장에 진력하기 위해서는 동북아시아의 지속적 안정이 필요했다. 북한 정권의 안정은 동북아시아 안정의 중요한 요소다. 그래서 중국은 김정은 정권을 적극 지지해 북한의 안정과 동북아시아의 안정을 동시에 꾀할 필요가 있었다. 구체적인 지원책으로 중국은 김정일 사망 직후 북한에 식량 50만 톤과 원유 20만 톤 지원을 결정했다.[12] 이는 중국이 추후에도 김정은 정권의 경제적·정치적 보호막 역할을 지속적으로 할 것임을 예고하는 것이기도 했다.

　2012년 4월에는 제4차 당대표자회와 최고인민회의 제12기 제5차 회의가 열려 김정은은 당 제1비서와 국방위원회 제1위원장에 올랐다. 군 최고사령관 직책에 이어 당과 국가기구에서 최고 지위에 취임한 것이다. 제4차 당대표자회에서 개정된 당 규약은 서문에 김일성·김정일주의를 당의 유일한 지도사상으로 삼는다고 명기했다. 김일성·김정일의 이념과 노선을 기반으로 통치할 것임을 분명히 했다.

김정은은 국방위원회 제1위원장이 되면서 김정일을 영원한 국방위원장으로 추대했다. 김정일이 김일성을 영원한 주석으로 추대했던 것과는 차이가 있었다. 상징적인 수준을 넘어서 절차를 갖춘 좀더 제도적인 추대였다. 2012년 4월 최고인민회의 제12기 제5차 회의에서 추대되거나 선출된 국방위원을 김영남 최고인민회의 상임위원장이 발표했다. 김정일이 가장 먼저 국방위원장으로 발표되었다. 그다음으로 김정은이 제1위원장으로 호명되었다. 2012년 4월 14일자 『로동신문』에는 이 순서에 따라 인사 발령 사항이 그대로 실렸다. 김정일은 1998년 개정헌법 서문을 통해 김일성을 영원한 주석으로 모신다고 밝혔을 뿐 김정은 정권처럼 인사 발령으로 공식 발표하지는 않았다.

이는 김정은이 아버지 김정일을 얼마나 많이 의존했는지를 말해주는 것이기도 하다. 2012년 3월 23일자 『로동신문』은 "모든 것을 위대한 장군님식 대로 해나가는 것은 경애하는 김정은 동지의 혁명적 신조이며 영도 원칙이다"라고 강조하면서 김정일에 대한 존경과 의존을 강조했다.

2012년 5월부터 북한은 '김정일 애국주의'라는 신조어를 등장시켜 대대적으로 선전했다. 김정은은 2012년 7월 26일 당중앙위원회 책임일꾼들에게 직접 김정일 애국주의를 조목조목 설명하면서 실천을 독려했다(『로동신문』, 2012년 8월 3일). 김정일 애국주의란 김정일이 보여주었다는 애국의 정신과 실천을 말하는 것이다. 조국관, 인민관, 후대관으로 구성되어 있다. 조국은 곧 수령이고 조국의 품은 곧 수령의 품이라는 조국관, 인민을 하늘처럼 여기는 인민관, 오늘은 어렵더라도 인민의 염원이 활짝 꽃필 내일을 위해 애국의 피와 땀을 아낌없이 바치는 후대관으로 구성되었다. 북한은 이런 내용을 널리 선전했다.

할아버지 김일성의 후광을 받아 김정은의 권위를 강화하려는 전략도 활용했다. 김일성이 항일운동을 할 당시 소총은 매우 소중한 자산이었다. 1933년 9월 김일성은 중국공산당에 입당해 조선인 부대 지대장을 하면서 샤오왕칭小汪淸에 머물고 있었다. 최현은 동만주에서 유격대 중대장으로 항일투쟁을 하고 있었다. 최현이 샤오왕칭을 방문해 김일성을 처음 만났다. 두 사람은 2박 3일 동안 거의 잠도 안 자고 만주 지역의 정세와 항일투쟁의 강화 방안에 대해 이야기했다. 이때 최현은 김일성을 믿고 따르기로 결심했다고 한다. 김일성은 헤어지면서 최현에게 총 4정을 호박琥珀으로 만든 물부리와 함께 선물로 주었다(『로동신문』, 2012년 4월 8일).

북한을 건설한 이후에도 김일성은 군부대를 방문해 총을 선물로 주었다. 김정은은 이를 따라 했다. 군부대를 방문하면서 때로는 소총, 때로는 기관총을 쌍안경과 함께 선물로 주었다. 2012년 2월 해군 제597부대를 방문했을 때는 자동소총(자동보총)과 쌍안경을 선물했다(『로동신문』, 2012년 2월 7일). 3월 초 판문점을 찾았을 때는 전초병들에게 기관총과 쌍안경을 선물했다(『로동신문』, 2012년 3월 4일).

김정은 권력 승계는 김정일 승계와 권위주의 체제하에서 부자 승계라는 큰 공동점을 갖고 있다. 그렇지만 몇 가지 분명한 차이점도 보였다. 첫째는 김정일 승계는 북한 체제에서 첫 번째 부자 승계, 김정은 승계는 두 번째 부자 승계라는 데서 오는 차이다. 첫 번째 부자 승계를 두고도 불만 세력이 없지 않았다. 국가 부주석 김동규가 그런 세력이었다. 김동규는 1974년 국가 부주석에 오르면서 최고위층이 되었지만, 김정일 승계에 이의를 제기하다가 1977년에 숙청되었다. 이에 비추어 보면 표면화되지는 않더라도 두 번째 부자 승계에 대한 북한 내부의 불만 세력이 존재할 가능성이 있다. 그 가능성은 첫 번째보다 높다고 할 수 있다.

둘째는 김일성과 김정일 카리스마의 차이다. 김일성은 항일운동을 기반으로 북한 사회를 이상적인 사회주의 체제로 만들기 위한 독자적인 국가발전 전략을 제시해 북한 주민들의 많은 지지를 받았다. 하지만 김정일은 카리스마의 측면에서 김일성에 미치지 못했다. 그런 점에서 김일성을 이어받은 김정일보다 김정일을 이어받은 김정은의 지도력 기반은 약하다고 할 수 있다.

셋째는 김정은이 매우 젊다는 것이다. 김정은은 30세가 안 되어 권력을 이었고, 후계자 결정 이후 3년이 못 되어 최고 권좌에 올랐다. 승계 결정 이후 20년을 기다렸던 김정일과는 준비 기간에서 큰 차이가 난다.

넷째는 1990년대와 2010년대 사이 정보통신기술의 큰 차이다. 북한 주민들이 현재의 상황, 남한·중국의 발전상, 세계 정세의 흐름에 대해 과거보다 훨씬 많은 정보를 갖고 있었다. 이것은 주민들에게 3대 세습에 대한 거부감 형성에 일정한 영향을 줄 수 있다.

이러한 차이에도 김정은은 북한 내부를 비교적 분명하게 장악해갔다. 하지만 김정일 승계와는 구분되는 점들이 있는 것 또한 분명한 만큼 권력 기반이 김정일만큼 탄탄하다고 보기는 어려울 것이다. 김정은 정권이 핵과 미사일 개발로 체제 내부의 결속을 도모하면서도 인민 생활 향상을 수시로 강조하는 것은 약한 기반을 극복하고 정권의 안정성을 강화하기 위한 나름의 전략이라고 할 수 있다.

## 통일운동가가

## 본

## 2010년

정기열은 남한, 중국, 일본, 북한을 오가면서 남북의 화해와 협력, 통일을 위해 활동하는 통일운동가다. 2010년에는 베이징의 칭화淸華대학 신문방송대학원 초빙교수로 있었다. 그해 6월 30일부터 일주일 동안 평양을 방문했다.[13] 북한에 도착해 만난 사람들은 먼저 그해 작황에 대해 이야기해주었다. 농사가 잘되어 작황이 좋다는 것이었다. 다만 걱정은 장마였다. 그래서 기상예보에 관심이 많았다. 다행히 그때까지는 장마가 심하지 않을 것이라고 예보했다. 방북 인사에게 이런 이야기를 할 만큼 북한 사람들은 무엇보다 식량 문제에 관심을 갖고 있었다.

다음 날 김일성종합대학을 방문했다. 그해 4월에 개관한 전자도서관을 구경했다. 건물 내부의 중앙 벽면에는 김정일이 보낸 글이 새겨져 있었다. "자기 땅에 발을 붙이고 눈은 세계를 보라!"로 시작하는 글이었다. 정기열은 영어 표현 'Act Locally, Think Globally'와 같은 것이라고 생각했다. 북한의 눈이 다른 세계와 크게 다르지 않다는 생각도 했다. 수영장도 가보았다. 국제올림픽수영장 규모라고 했다. 역시 2010년 4월에 개장한 것이었다. 주중인데도 수영장에는 수영을 하는 남녀 학생들로 가득 차 있었다.

평양시 원흥지구에 있는 대동강과수종합농장도 방문했다. 평양 시내에서 동북쪽으로 30분 정도를 차로 달리면 나오는 곳이었다. 735정보에 이르는 광활한 농장이었다. 원래 이곳은 농촌마을 몇 개가 모여 있는 곳이었다. 여기저기 높고 낮은 곳에 작은 논과 밭들이 있었다. 집 옆에는 뙈기밭들도 있었다. 그런데 남한의 경찰에 해당하는 인민내무군이 대대적으로 동원되어 2년 동안 경지 정리 작업을 했다. 그 결과 2010년 2월에 거대한 단일농장이 되었다. 여기에 사과나무 247만 그루를 심었다. 그중 먼저 심은 것들에는 사과가 열리기 시작했다. 농장의 당 책임비서는 수수한 차림에 말도 겸손했다. 농장의 연원과 건설 과정 등에 대해 친절하게 설명해주었다. 김정일도 방문한 적이 있는데, '나도 이곳에서 살고 싶소'라고 했다고 한다.

이른 저녁에 평양 시내를 걸어보았다. 날씨는 후텁지근했다. 여기저기 연애하는 남녀들이 보였다. 손을 잡고 걷기도 했다. 50대인 안내원은 옆에서 이런 모습을 같이 보면서 "우리 젊었을 땐 상상도 못했던 일이다. 연애할 때 낮엔 서로 두세 걸음 정도 떨어져 걸었다. 격세지감의 변화를 실감한다"는 해설을 붙였다. 공원에도 가보았는데, 역시 구석진 곳은 연애하는 남녀들의 차지였다. 정기열은 이런 모습을 보며 북한과 세상이 별반 다르지 않음을 다시 실감했다.

일요일에는 평양 시내에 차가 없었다. 응급환자나 출산 같은 긴급상황이 아니면 차량을 운행하지 않는다고 했다. 연료 절약과 환경 보호 등의 목적으로 그런 조치가 시행되었다고 한다. 또 걷기를 장려하고 가족과 함께 보내는 시간을 많이 가지라는 의미도 있었다고 한다. 통일운동가로서 북한을 내재적 시각에서 관찰하려고 했기 때문이겠지만, 정기열은 운동 부족이나 가정에 소홀한 사람을 위한 국가 차원의 결정이라고 생각했다. 실은 연료 부족이 가장 큰 요인이었을 것이다. 어쨌든 정기열은 차량이 없는 평양 시내를 마음껏 걸었다. 차가 없는 대도시를 걷는 느낌은 아주 특별했다. 마침 구름이 햇볕까지 가려주어 느낌은 더 상쾌했다.

# 2012~2013년

**제7장**

×××

# 김정은 체제 공식 출범

## 2 · 29 합의와 장거리 로켓 발사

핵과 미사일로 인한 갈등이 계속되는 가운데에서도 북한과 미국은 간헐적으로 대화를 진행했다. 2009년 12월에는 미국의 대북 정책 특별 대표 스티븐 보즈워스가 방북해 북한 외무성 제1부상 강석주·부상 김계관과 만나 6자회담 재개 방안을 논의했다. 2011년 7월에는 외무성 제1부상이 된 김계관이 미국 뉴욕을 방문해 보즈워스와 만나 비핵화 문제 등을 논의했다. 10월에는 김계관과 보즈워스가 스위스 제네바에서 만나 비핵화 사전 조치와 인도적 지원 문제를 놓고 협상을 벌였다.

그러한 대화의 연장선상에서 2011년 12월 22일에도 고위급회담을 열기로 했다. 하지만 12월 17일에 김정일 사망으로 연기되었다. 회담은 해를 넘겨 2012년 2월 23일에 열렸다. 북한에서는 외무성 제1부상 김계관, 미국의 대북 정책 특별대표가 된 글린 데이비스Glyn Davies가 나왔다. 북한의 비핵화 사전 조치와 미국의 인도적 지원 문제를 놓고 집중 논의해 29일 합의에 이르렀다. 북한이 고농축우라늄 프로그램 중지, 핵·미사일 실험 유예, IAEA 사찰관 허용 등의 조치를 취하고, 미국은 그 대가로 북한에 24만 톤의 영양 지원을 실시하기로 한 것이다. 식량 지원Food Assistance 대신 영양 지원Nutritional Assistance이라고 한 것은 취약 계층에 대한 지원을 강조하기 위한 것이었다. 실제로 미국은 영양 보조식품을 위주로 지원하려고 했다.

북한은 김정일이 사망해 애도 기간인데도 협상에 임했다. 미국과의 관계 개선에 그만큼 큰 비중을 두고 있었다. 미국으로서도 오바마 행정부의 첫 북미 합의인 만큼 2·29 합의가 의미 있었다. 핵·미사일 실험을 유예하고, 향후 더 근본적인 문제 해결을 위한 협상의 교두보를 마련했다.

합의 이후 영양 지원을 위한 협상이 3월에 시작되었다. 북한의 외무성 미국 국장 리근, 미국의 북한 인권특사 로버트 킹Robert King이 마주 앉아 영양 보조식품의 전달 시기와 방법, 모니터링 방식 등을 주로 논의했다. 모니터링과 관련해 미국이 대규모 요원을 파견하겠다고 해서 한때 긴장이 조성되기도 했지만, 양측이 과거 기준으로 적절히 모니터링을 하기로 해 합의에 이르렀다. 2008년 12월에 중단된 6자회담 재개에 대한 기대감도 높아졌다.

그런데 북한이 4월 13일에 장거리 로켓 시험 발사를 실시했다. 4월 15일 김일성 탄생 100주년을 기념하는 '축포'를 쏜 것이다. 북한은 '광명성 3호'라는 위성을 쏘아올린 것이라고 주장했다. 미국은 탄도미사일 기술을 이용한 발사여서 유엔 안보리 결의와 2 · 29 합의 위반이라고 주장했다. 그리고 유엔 안보리를 소집해 규탄 의장성명도 발표했다. 2 · 29 합의도 파기했다.

그동안 북한은 미국과의 협상에서 위성 발사는 미사일 발사와는 다르다고 줄곧 주장했다. 미국은 탄도미사일 기술을 이용한 발사는 모두 안 된다고 주장했다. 그럼에도 2 · 29 합의는 핵 · 미사일 실험 유예만을 명기해 위성 부분에 대해서는 모호한 상태로 남겨두었다. 그 바람에 합의 이후 북미가 자기식대로 해석하며 합의는 이행되지 못하고 파기된 것이다. 이러한 일련의 합의와 합의 파기 과정은 북미 간의 신뢰가 일천하고 불신이 매우 구조화되어 있음을 다시 한 번 확인할 수 있게 해주었다.


## 제4차 당대표자회

2012년 4월 제4차 당대표자회는 김정은 체제를 공식 출범시키는 자리였다. 전국에서 1,649명의 대표가 참석한 가운데 11~12일 평양에서 당대표자회가 열렸다. 먼저 당 규약을 개정했다. 김정일을 영원한 총비서로 추대하고, 당의 최고위직을 제1비서로 하는 개정이었다. 13일에는 최고인민회의를 열어 헌법을 개정했다. 개정헌법을 '김일성-김정일 헌법'으로 명명하고, 김정일을 '영원한 국방위원장'으로 명문화했다. 국방위원회 제1위원장 직책도 신설했다.

김정은은 새로운 당 규약에 따라 제1비서로 추대되었다. 당 정치국 상무위원과 당중앙군사위원장에도 추대되었다. 당의 완전한 1인자가 된 것이다. 최고인민회의를 통해 국가기구의 최고 직책인 국방위원회 제1위원장에도 추대되었다. 2011년 12월 군 최고사령관이 된 김정은이 당과 국가기구에서도 최고위직에 올라 당·정·군을 모두 장악하고 공식적으로 김정은 체제를 출범시켰다.

당대표자회 결정서는 김정은 제1비서 추대와 관련해 김정일의 유훈遺訓에 따른 것이라고 밝혔다. 김정은 체제의 출범을 김정일이 사망 전 이미 정비해놓았음을 알 수 있다. 북한은 김정일이 당 총비서 취임 14주년이 되던 2011년 10월 8일에 유언을 했다면서, 거기서 당원들이 김정은을 따라야 한다고 말했음을 강조해 유훈을 통해 김정은의 권위를 강화하려는 모습을 보였다.

그뿐만 아니라 김정은 체제를 받쳐줄 분야별 핵심 인물들도 김정일이 지명해두었던 것으로 보인다. 2012년 3월 북한 정보를 다루는 북한전략전보서비스센터가 공개한 자료에 따르면, 당에서는 김경희, 장성택, 최룡해, 김경옥을 김정은 보좌 인물로 김정일이 지명했다고 한다. 군에서는 김정각, 리영호, 김격식, 김명국, 현철해를 지명했다. 경제 부문에서는 최영림, 김창룡, 서원철, 김영호를 지명했다.[1]

김경희는 김정일의 여동생이자 김정은의 고모로 제4차 당대표자회에서 정치국 위원 가운데에서도 가장 먼저 호명되고, 당중앙위원회 비서 중에서도 제일 먼저 호명되어 그 위상이 김정은 바로 다음 정도라는 것을 알 수 있게 해주었다. 김정일의 유훈을 집행하면서 김정은 체제를

제4차 당대표자회는 김정은 체제를 공식 출범시키는 자리였다. 북한은 당 규약을 개정해서 김정일을 '영원한 국방위원장'으로 명문화하고, 김정은을 국방위원회 제1위원장에 추대했다. 2012년 7월 릉라 인민유원지 준공식에 참석한 김정은과 그의 부인 리설주.

안정적으로 출범시키고 공고화하는 역할을 맡았던 것으로 보인다. 장성택은 김경희의 남편이자 김정은의 고모부였다. 당중앙위원회 행정부장을 맡고 있었다. 제4차 당대표자회에서 당 정치국 후보위원에서 위원으로 승진했다. 당시 김정은의 대외 활동에 가장 많이 동행하고 있었다.

최룡해는 김일성의 항일빨치산 동료 최현의 아들로 김정일을 오랫동안 도왔다. 청년동맹을 오랜 기간 지도했고, 당과 근로단체에 상당한 영향력을 갖고 있었다. 김정일은 그런 최룡해에게 김정은의 당 장악을 돕도록 했다. 최룡해는 제4차 당대표자회 직전에 조선인민군 총정치국장에 임명되었고, 당대표자회에서는 당 정치국 상무위원, 당중앙군사위원회 부위원장직도 받았다. 당과 군에서 김정은을 돕는 역할이 맡겨진 것이라고 할 수 있다. 당 조직지도부 제1부부장 김경옥은 당 부문에서 김정은을 지원하는 역할을 맡았지만, 2012년부터 활동이 뜸해졌다. 대신 조직지도부 부부장 황병서가 김정은을 수행하는 경우가 많았다. 당 조직을 통해 군을 통제하는 것이 그의 역할이었다.

군부에서 주요 역할은 김정각에게 맡겨졌다. 당대표자회 전에 차수로 승진하고 인민무력부장이 되었다. 군 행정이 그에게 맡겨진 것이다. 당대표자회에서는 당 정치국 후보위원에서 위원으로 승진했다. 리영호는 총참모장으로 군사를 직접 통제하는 역할이었다. 김격식은 2012년 11월부터 인민무력부장을 맡았고, 조선인민군 작전국장을 오랫동안 했던 김명국은 제4차 당대표자회에서 당중앙위원회 제1부부장을 맡은 이후로는 활동이 뜸해졌다. 국방위원회 총무국장 현철해는 당 정치국 위원이 되면서 다시 중용되었다.

경제 부문에서는 총리를 맡고 있던 최영림이 김정은 보좌의 핵심이었다. 국가계획위원장, 금속공업부장, 부총리 등을 거치면서 오랫동안 경제를 다루어온 인물이었다. 김창룡은 국토환경보호상을 맡고 있었고, 서원철은 황해남도 당비서였으며, 김영호는 국가체육지원위원회 위원이었다. 이처럼 김정은 체제는 김정일 유훈의 많은 영향 속에서, 하지만 김정일은 존재하지 않는 상태에서 2012년 4월부터 북한을 공식적으로 통치하기 시작했다.

## 우리식 새로운 경제관리체계

2012년에 김정은은 경제 문제 해결을 특히 강조했다. 4월 6일 당중앙위원회 일꾼들과의 대화에서 인민 생활 향상을 위한 경제 문제 해결을 역설했다. 4월 15일에는 김일성 탄생 100주년 기념 열병식에서 처음으로 대중연설을 했는데, "인민이 다시는 허리띠를 조이지 않게 하며 사회주의 부귀영화를 마음껏 누리게 하자는 것이 우리 당의 확고한 결심입니다"라며 경제 문제 해결을 약속했다. 그러고는 6월 28일에 '우리식 새로운 경제관리체계를 확립할 데 대하여'라는 방침을 발표했다. 그 내용은 시장경제 요소를 가미해 경제 운용 체제를 변화시키는 것이었다. 크게 공장ㆍ기업소 개혁과 협동농장 개혁 두 부분으로 되어 있었다.

공장ㆍ기업소 개혁을 먼저 보자. 초기에는 국가가 생산비를 투자하지만 이후에는 개별 단위에서 자율적으로 하도록 했다. 국가가 생산 품목과 목표를 정해주지 않는다는 것이다. 원자재, 연료, 전력 등을 다른 공장이나 탄광, 발전소 등과의 거래를 통해 구입하도록 했다. 제품 판매도 스스로 알아서 하도록 했다. 가격도 알아서 정하도록 했다. 판매 수입은 국가와 공장ㆍ기업소가 일정 비율로 나누게 했다. 근로자들은 제품 판매로 수익을 얻을 수 있기 때문에 이들에 대한 배급은 폐지했다. 국가기관이나 교육, 의료 등의 분야에 근무하는 근로자들에 대해서만 배급제를 남겨놓았다.

협동농장 개혁은 작업 분조를 줄이고 생산품의 일부를 농민들이 소유할 수 있도록 한 것이 핵심이다. 이전에도 이런 개혁이 있었지만 좀

더 강화한 것이다. 작업 분조는 4~6명으로 줄였다. 능률 향상을 위해 한 가족이 농사를 지을 수 있도록 했다. 국가가 제시한 목표를 달성하면 그 생산물을 국가와 분조가 7대 3으로 나누도록 했다. 목표를 초과한 생산물은 분조가 갖도록 했다. 이전보다 농민들의 몫이 많아졌다. 농민들의 근로 의욕을 자극해 식량 생산을 늘리려는 것이었다.

종래의 경제 운용 방식에서 변화된 것임은 분명했다. 하지만 시장사회주의와는 거리가 멀었다. 공장·기업소 개혁 부분에서, 공장·기업소의 소유는 그대로 국가만이 할 수 있었다. 개인이 설립할 수 없도록 했고, 공장·기업소의 책임자와 간부들도 당에서 임명하던 것을 고치지 않았다. 협동농장 개혁 부문에서도, 농민들의 몫이 많아지긴 했지만 협동농장 체제는 그대로 유지했다. 토지에 대한 소유는 개인에게 허용하지 않고 농장원의 사회적 소유제도를 유지했다. 분조의 생산 목표량도 국가가 정해주었다.

결국 6·28 방침은 시장과 개인 소유를 크게 인정하는 형태의 개혁은 아니었다. 사회주의 경제 체제에 대한 근본적인 고민과 그에 기반한 근본적인 개혁이 이루어지지 않았다. 이전의 몇 차례 변화 시도가 그랬던 것처럼 6·28 방침도 체제 내의 부분적 개혁을 넘어서는 것이 아니었고, 이는 계획과 시장의 충돌을 야기할 뿐 북한 경제의 활성화에는 크게 도움을 주지 못했다.

## 무상의무교육 12년

2012년 9월 24일 프랑스 주요 일간지 『르 피가로Le Figaro』가 "내일 북한이 중대 발표를 한다"고 보도했다. 프랑스는 북한과 수교하지 않았지만, 북한의 최고위층이 와병 중일 때 찾는 나라다. 2008년 8월 김정일이 뇌졸중으로 쓰러졌을 때에도 프랑스 의사가 치료했다. 그런 특별한 관계 때문에 가끔 북한 관련 고급 정보가 프랑스 파리에서 먼저 나온다.

『르 피가로』는 수확량의 절반 정도를 농민이 가져가도록 하는 농업개혁과 시장경제 요소를 일부 수용하는 개혁·개방 등을 내용으로 하는 중대 발표가 나올 것이라고 자세히 보도했다. 북한의 실제 조치에 관심이 쏠렸다. 그날은 최고인민회의가 열리는 날이었다.

9월 25일 최고인민회의가 예정대로 열렸다. 그러나 농업개혁도 개혁·개방에 대한 내용도 없었다. 중대 발표는 '11년제 무상의무교육'을 1년 늘려 '12년제 무상의무교육'으로 바꾼다는 것이었다. 11년 무상의무교육은 1972년부터 40년간 실시되고 있었다. '취학 전 교육 1년→소학교 4년→중학교 6년'의 과정을 밟는 교육이었다. 이것을 '취학 전 교육 1년→소학교 5년→초급중학교 3년→고급중학교 3년'의 학제로 바꾸었다. 소학교가 1년 늘어난 것이다.

소학교는 남한의 초등학교, 중학교는 중·고등학교, 초급중학교는 중학교, 고급중학교는 고등학교에 해당한다. 이에 따라 북한은 2014년까지 4년제 소학교를 5년제로 전환하는 작업을 진행했다. 그러고는

2014년 4월 1일부터 12년제 무상의무교육을 실시했다. 학생들의 사회 진출이나 군 입대 연령은 16세에서 17세로 늦춰졌다.

북한은 12년제 무상의무교육 실시에 맞춰 교육정보화 사업도 실시했다. 교육 행정과 교육 내용을 정보화한 것인데, 이에 따라 원격교육 체계와 모의실험실습 프로그램, 교육지원 프로그램 등을 활용한 교육이 실시되었다. 새 교육 과정에 맞춰 교과서도 새로 집필했고, 학교 건물 확충, 교사 충원, 교구와 실험실습 기자재 보완 등도 함께 이루어졌다.

이렇게 북한이 의무교육을 확대하고 교육에 투자한 것은 "지식경제 시대 교육 발전의 현실적 요구와 세계적 추이에 맞게 교육의 질을 결정적으로 높여 새 세대들을 완성된 중등 일반지식과 현대적인 기초 기술 지식, 창조적 능력을 소유한 주체형의 혁명 인재로 더욱 억세게 키워나가는 데 이바지"하기 위한 것이었다.[2] 경제적으로 어려운 가운데서도 미래인재 양성을 위해 교육에 투자할 필요성을 실감하고 이를 실행한 것이다.

## 제3차 핵실험

2009년 5월 제2차 핵실험 이후 북한에 대한 국제사회의 제재는 강화되었다. 그러면서 국제사회는 제3차 핵실험을 만류했다. 중국 외교부는 주중 북한 대사 지재룡을 수차례 불러 "제3차 핵실험은 한반도 긴장을 새로운 단계로 끌어올릴 수 있다"면서 핵실험을 하지 말 것을 요청했다.[3] 하지만 북한은 2013년 2월 12일 세 번째 핵실험을 강행했다. 남한과 미국은 리히터 규모 4.9의 인공지진파가 발생했음을 파악하고 핵실험을 확인했다. 제3차 핵실험은 두 차례의 핵실험에 비해 파괴력이 높아져 성공적인 것으로 평가되었다. 인공지진파 규모에 비추어보면 6~7킬로톤의 위력을 가진 것으로 추정되었다. 제1차 0.5~0.8킬로톤, 제2차 4킬로톤 정도에 비하면 높아진 것이다. 북한은 핵실험 직후 발표문을 통해 핵무기와 관련해 3가지를 이루었다고 주장했다.

첫째, 핵탄두 설계의 완성이다. "원자탄의 작용 특성들과 폭발 위력 등 모든 측정 결과들이 설계값과 완전히 일치했다"고 밝혔다.[4] 3번의 실험 과정을 통해 북한의 핵기술이 이전보다 한 단계 업그레이드되었다는 이야기다.

둘째, 핵탄두의 소형화·경량화다. "이번 핵실험은 이전보다 폭발력은 크면서 소형화·경량화된 원자탄을 사용해 높은 수준에서 안전하고 완벽하게 진행되었다"고 주장했다.[5] 핵무기 고도화의 핵심 이슈인 소형화와 경량화에 성공했다고 발표한 것이다. 핵탄두의 무게가 1,000킬로그램 이하, 지름이 90센티미터 이하이면 소형화·경량화를 달성한 것으로 보는데, 핵보유국들은 첫 핵실험 이후 이를 달성하는 데 2~7년이 소요되었다. 북한은 2006년 첫 핵실험을 했기 때문에 이로부터 7년이 지난 2013년에는 어느 정도 소형화·경량화를 이루었던 것으로 보인다.

셋째, 기존의 플루토늄탄이 아닌 우라늄탄 실험이다. 북한은 "다종화된 핵 억제력의 우수한 성능이 물리적으로 과시되었다"고 밝혔다.[6] 기

북한은 제3차 핵실험을 통해 핵실험의 첨단기술 완성, 소형화·경량화, 우라늄탄 개발을 주장했다.
2013년 2월 14일 평양 김일성광장에서 북한 주민들이 제3차 지하핵실험의 성공을 축하하고 있다.

존 플루토늄탄에서 종류를 늘렸다는 이야기다. 북한은 이미 우라늄 농축시설을 공개했는데, 여기서 생산한 고농축우라늄으로 핵실험을 했을 가능성을 시사한다. 북한은 제3차 핵실험을 통해 핵실험의 첨단기술 완성, 소형화·경량화, 우라늄탄 개발을 주장하고 있었다. 북한이 이들을 완벽한 형태로 갖추고 있지는 않더라도 이에 근접하고 있음은 짐작할 수 있다.

제3차 핵실험 이후 국제사회는 다시 강화된 유엔 안보리 결의를 마련했다. 핵·탄도미사일 개발과 관련된 것으로 의심되는 금융거래도 금지했다. 중국도 좀더 적극적으로 대북 제재에 동참하는 모습이었다. 중국 국가주석 시진핑은 2013년 6월 버락 오바마 대통령과 정상회담을 갖고 북한 핵개발에 반대하는 공동성명을 발표하기도 했다.

핵실험의 원인과 관련해서는, 역시 제3차 핵실험도 미국에 대한 강력한 메시지의 성격을 지니고 있었다. 당시 오바마 행정부 2기가 진용을 갖추려 하는 시점이었다. 이 시점에 핵실험을 강행함으로써 오바마 행정부의 대북 정책에 영향을 주려고 했던 것으로 보인다. 북한은 핵실험 당일 외무성 대변인 담화를 통해 핵실험이 미국의 "적대 행위에 대처한 단호한 자위적 조치"라면서 "최대한의 자제력을 발휘한 1차적 대응 조치"라고 강조했다.[7] 이는 미국의 제재와 대북 압박 정책이 계속된다면 후속 조치가 있을 것임을 말한 것이었다. 대화의 장을 열어 자신들의 요구도 들어주는 협상을 하자는 이야기였다.

남한에 대해서도 압도적 전략 수단 확보를 통해 남북 관계에서 우위를 확보하려는 의도를 갖고 있었을 것이다. 당시 남한은 박근혜 정부가 정권을 인수받던 중이었는데, 새로운 정부의 정책에도 일정한 자극을 가하려고 했던 것으로 보인다. 대내적으로는 민심의 지지를 통해 김정은 정권의 안정을 꾀하려는 시도였다. 이처럼 제3차 핵실험도 미국과 남한, 북한 내부에 대한 메시지를 중첩적으로 지니면서 진행되었다.

## 개성공단 가동 중단

2013년 2월 제3차 핵실험 이후 남북 관계와 북미 관계는 더욱 경직되었다. 그런 가운데 북한은 3월에 예정된 한미합동군사훈련을 적대 행위라며 중단하라고 요구했다. 개성공단에 대해 위협도 시작했다. 3월

27일에는 개성공단의 출입을 위한 남북한 통신채널로 사용되던 군 통신선을 차단했다. 3월 30일에는 북한의 존엄을 훼손하면 개성공단을 폐쇄하겠다고 경고했다. 남한의 언론들이 "외화 수입 원천이기 때문에 공단을 폐쇄하지 못할 것"이라고 보도한 것에 대한 반발이었다. 4월 3일에는 북한으로 들어오는 인원을 허가하지 않겠다고 선언했다. 이에 대해 김관진 국방부 장관은 대규모 인질 사태로 이어질 경우 군사적 조치도 고려하겠다고 밝혔다.

북한의 태도는 더 거칠어졌다. 4월 8일 김양건 조선노동당 대남 비서는 남한이 북한의 존엄을 모독하면 개성공단을 잠정 중단하겠다고 밝혔다. 9일에는 북한 근로자 5만여 명이 출근하지 않아 가동이 중단되었다. 남한은 대화를 제의했지만, 북한은 거부했다. 17일에는 개성공단 입주기업 대표들도 방북을 허가하지 않았다. 25일 남한이 회담을 다시 제의했지만 북한은 응하지 않았고, 결국 남한은 개성공단 잔류 인원을 모두 철수시키는 조치를 내렸다. 이로써 그동안 경색된 남북 관계 속에서도 완충구역 역할을 해온 개성공단이 잠정 폐쇄되었다.

2013년 초의 상황은 북한이 공세를 취하고 남한이 방어하는 상황이었다. 북한은 제3차 핵실험 이후 강경 노선을 취함으로써 남북 관계에서 주도권을 쥐려고 했다. 박근혜 정부의 보수적인 대북 정책이 예상되는 상황에서 강경한 태도로 기선을 제압한 뒤 이후 남북 관계를 자신들의 주도하에 운영하려고 했던 것이다. 이와 함께 북한은 개성공단으로 인한 북한 내부의 긴장 분위기 완화에도 제동을 걸려 했던 것으로 여겨진다. 당시 북한에서는 전투동원 훈련 때에도 '개성공단 때문에 전쟁

날 가능성은 없다'는 말이 돌 정도로 긴장이 이완된 분위기였다고 한
다.[8] 북한은 이러한 상황에 대한 대응책으로 남한에 강한 요구 사항을
제시하고 이것이 거부되자 개성공단 가동을 중단시킨 것이다.

여기에 대응하는 박근혜 정부 또한 임기 초반 북한과 적절한 타협을
피하는 양상이었다. 북한의 요구를 들어주는 것이 유약한 모습으로 보
일까봐 우려한 것이다. 그래서 인질 구출 작전도 고려하고 있다는 등의
발언이 나왔다. 게다가 박근혜 정부는 개성공단에서 일하는 북한 근로
자들의 임금을 북한 정권에 대한 현금 지원으로 인식했다. '남북교류
협력의 교두보'보다는 북한 정권을 위한 '달러박스'라는 인식이 강했
다. 이러한 연유로 유연한 대응은 찾아보기 어려웠다.

7월부터는 남북한이 개성공단 재개를 위한 협의를 시작해 8월에 중
단 사태 재발 방지와 신변안전보장에 대한 합의에 이르렀고, 9월에는
개성공단 재가동에 합의했다. 동시에 남북의 당국자로 구성된 '개성공
단 남북공동위원회'도 출범시켜 통행 · 통신 · 통관, 출입 · 체류, 신변
안전 등과 관련한 문제를 논의하고 처리하도록 했다.

## 핵 · 경제 병진 노선

2013년 3월 31일 조선노동당 중앙위원회 전원회의가 열렸다. 평양
의 조선노동당 청사에서 당중앙위원회 후보위원들이 참석한 가운데 시
작되었다. 내각의 각 성과 중앙기관, 도 · 시 · 군 · 당, 연합기업소, 중

요 군수공장 등의 간부들도 방청하고 있었다. 여기서 김정은 정권의 중요한 정책 노선이 결정되었다. '핵·경제 병진 노선'을 경제정책의 기조로 채택했다. 북한은 '핵·경제 병진 노선'을 "나라의 방위력을 철벽으로 다지면서 경제 건설에 더 큰 힘을 넣어 사회주의 강성국가를 건설하기 위한 가장 혁명적이며 인민적인 노선"이라고 설명했다.[9]

이 노선은 김일성 정권 당시의 '경제·국방 병진 노선'과 유사했다. 1962년 12월 당중앙위원회 전원회의에서 채택된 이 노선은 경제 건설에 충당하던 재원을 국방 건설로 옮겨 경제와 국방을 비슷한 비중으로 발전시키려는 것이었다. 김정일 정권 당시에는 동구 사회주의 국가의 붕괴와 심각한 식량난으로 인해 체제 위기가 고조되면서 선군경제 노선을 채택했다. 다른 부문보다 군에 자원을 먼저 투입하는 정책이었다. 그러던 것을 김정은 정권이 다시 김일성 시대로 돌아가 '핵·경제 병진 노선'으로 공표한 것이다.

북한은 전원회의 다음 날인 4월 1일 열린 최고인민회의에서 '자위적 핵보유국의 지위를 더욱 공고히 할 데 대하여'라는 법령을 통과시켜 핵보유국임을 법제화했다. 또, 우주개발법도 제정하고, 국가우주개발국도 설립함으로써 장거리 로켓 개발에 박차를 가했다. 4월 2일에는 2007년 10·3 합의에 따라 가동을 중단했던 5메가와트 원자로를 재가동하겠다고 밝혔다.

핵·경제 병진 노선을 관철하기 위한 구체적인 방안도 마련했다. ① 농업·경공업에 역량을 집중함으로써 인민 생활 향상, ② 자립적 핵동력 공업 발전 및 경수로 개발, ③ 통신위성 등 발전된 위성 개발, ④ 지식

북한은 조선노동당 중앙위원회 전원회의에서 '핵·경제 병진 노선'을 경제정책의 기조로 채택했다. 2013년 1월 18일 '제4차 당 세포 비서 대회'에서 개회사를 하는 김정은.

경제로 전환 및 대외무역 다각화, ⑤ 주체사상을 구현한 우리식의 우월한 경제관리 방법 완성 등이 그것이었다. 핵무력을 건설하는 작업과 함께 경제를 건설하려는 계획도 구체화해 내놓은 것이다.

이렇게 북한이 핵·경제 병진 노선을 내놓고 적극 추진한 것은 분명한 지향점이 있기 때문이었다. 핵무기 개발을 통해 재래식 무기에 대한 의존을 줄이고, 이를 통해 국방비를 감축하고 인민 생활과 관련된 부문에 더 투자를 하는 것이었다. 2013년 3월 전원회의 결정에서 "새로운 병진 노선의 참다운 우월성은 국방비를 추가적으로 늘리지 않고도 전쟁 억제력과 방위력의 효과를 결정적으로 높임으로써 경제 건설과 인민 생활 향상에 힘을 집중할 수 있게 한다는 데 있다"고 밝힌 데서 그러한 지향점은 분명히 나타났다.[10] 핵·경제 병진 노선의 구체적인 실천 방안에 인민 생활 향상과 다양한 부문의 발전이 포함되어 있는 것을 통해서도 확인이 된다.

이러한 지향점과 계산이 있었기 때문에 북한에는 나름의 합리성이 있는 정책이었다. 하지만 북한은 국제사회의 제재를 받고 있었다. 그 제재의 핵심 원인은 핵무기였다. 제재를 받는 상태에서는 경제 활성화에 상당한 제약이 따를 수밖에 없었다. 핵 문제를 풀지 않고서는 경제가 발전하기 어려운 구조하에 있었다. 그것이 핵·경제 병진 노선이 처한 상황이고 북한의 고민이었다. 이후에도 이런 상황은 쉽게 달라지지 않았다.

## 박봉주 총리 재기용

북한 내부에서 대표적인 온건파로 알려진 박봉주는 2003년 내각 총리가 되었다. 총리가 된 이후 금융과 유통 체계를 일정 부분 시장 친화적으로 개혁하려고 했다. 하지만 군부의 반대에 부딪혀 2007년 총리직에서 물러났다. 이후 북한은 시장을 단속하려는 시도를 꾸준히 했다. 2009년에는 화폐개혁을 하고 종합시장을 폐쇄했다. 하지만 결과는 물가 인상이었다. 민심을 달래야 할 정도였다. 총리직을 잃고 평안남도 순천비날론사업소 지배인으로 가 있던 박봉주는 2010년 다시 평양으로 올라와 당 경공업부 제1부부장을 맡았다. 2012년에는 경공업부장이 되었다. 2013년 4월 1일 최고인민회의에서 다시 총리가 되었다. 김정은 정권이 공식 출범하고 어느 정도 자리를 잡으면서 총리에 기용된 것이다.

박봉주는 하루 전에 열린 당중앙위원회 전원회의에서 당 정치국 위원이 되었다. 후보위원도 아니었는데, 정위원이 된 것이다. 내각뿐만 아니라 당에서도 주요 직책을 가짐으로써 박봉주에게 상당한 힘이 실리게 되었다.

박봉주는 총리가 된 뒤 농촌과 공장, 건설 현장, 어업 현장 등을 다니며 경제 현장을 독려했다. 북한의 매체들은 현장 시찰을 비교적 자세히 보도했다. 김정일 시대와 다른 면이기도 하다. 김정일 시대에는 총리의 현장 시찰은 언론 매체에 거의 등장하지 않았다. 하지만 김정은은 경제 현장을 박봉주가 많이 다니도록 하고 언론에도 등장시켰다. 이는 경제에 관한 한 박봉주에게 많은 권한을 주고 대신 책임도 지우고 있기 때문으로 보인다. 김정은은 핵·미사일 정책 등 안보, 군사, 외교 등의 문제에 주력하면서 박봉주에게 경제성장의 임무를 맡겼던 것이다.

조총련 기관지 『조선신보』 2013년 12월 27일자에 내각 사무국장 김정하의 인터뷰가 실렸는데, 그는 "내각에서는 최대의 각성을 가지고 나라의 경제 사업에서 질서가 흐트러진 부문들에 대한 지도와 장악에 힘을 기울이고 있다" 면서 경제에 관한 한 내각의 역할이 커졌음을 밝

혔다.[11]

이는 오랫동안 경제를 다루어온 테크노크라트에게 경제를 맡겨 인민 생활의 향상을 이루어 보려는 의도에서 시작된 것으로 보인다. 성장과 물가, 환율, 대외무역, 시장 정책 등 복잡한 문제가 얽혀 있는 경제 문제를 경륜 있는 전문가에게 맡겨 활성화를 추구했다고 보아야 할 것이다. 김일성군사종합대학 출신의 젊은 리더 김정은은 경제에 대한 식견이 부족하기도 할 것이다. 이와 함께 김정은으로서는 활성화가 어려운 경제 때문에 일정 시점에 희생양이 필요할 수 있다. 경제가 회복되지 않고 어려움이 계속된다면, 책임을 지웠던 전문가들을 처벌할 필요가 있었다.

내각 사무국장 김정하는 "높은 간부일수록 현장에 내려가서 책임적으로 일해야 한다"는 원칙을 실천하고 있다고도 말했는데, 박봉주의 현장 시찰은 이러한 책임 원칙의 실천 차원이라고 할 수 있다. 박봉주의 총리 재기용과 그의 현장 시찰은 이렇게 다중적 의미를 지닌 가운데 진행되고 있었다.

## 장성택 처형

장성택은 김정일 정권에서 2인자 역할을 했다. 김정일의 매제인데다가 조선노동당 행정부장으로 국가안전보위부와 인민보안성 등 보안기관을 장악하고 있었다. 그는 김정은의 후견인 역할을 했다. 당과 군에

두루 영향력을 확보한 그는 김정은의 든든한 버팀목이기도 했다. 하지만 2013년 12월 8일에 전격 체포되었다. 조선노동당 정치국 확대회의 장에서 보안요원들에 의해 끌려 나갔다. 양팔이 붙들린 채 고개를 숙이고 입을 다문 모습이었다.

장성택은 4일 후 국가안전보위부 특별군사재판소에서 재판을 받았다. 북한 형법은 반국가 · 반민족 범죄는 안전보위 기관이 수사와 재판을 하도록 규정하고 있는데, 장성택은 반국가 혐의였기 때문에 국가안전보위부에서 군사재판을 받게 된 것이다. 사형을 선고받았고, 즉시 집행되었다. 당 정치국 위원이면서 국방위원회 부위원장이던 그는 그렇게 초라하게 사라져 갔다.

그가 받은 혐의는 많았다. 첫째는 국가 전복 음모를 꾸몄다는 것이다. "정권 야욕에 미쳐 분별을 잃고 군대를 동원하면 정변을 성사시킬 수 있을 것이라고 타산하면서 인민군대에까지 마수를 뻗치려고 집요하게 책동했다"는 것이다.[12] 말하자면 쿠데타를 모의했다는 것이다. 둘째는 김정은 승계를 제대로 돕지 않았다는 것이다. 북한 매체들이 "혁명의 대가 바뀌는 역사적 전환의 시기에 와서 드디어 때가 왔다고 생각하고 본색을 드러내기 시작했다. 영도의 계승 문제를 음으로 양으로 방해하는 천추에 용납 못할 대역죄를 지었다"라고 말하는 것이 이를 이야기한다.[13]

셋째는 불경죄였다. 북한은 "역사적인 조선노동당 제3차 대표자회에서 전체 당원들과 인민군 장병들, 인민들의 총의에 따라 경애하는 김정은 동지를 조선노동당 중앙군사위원회 부위원장으로 높이 모시었다

북한은 "천추에 용납 못할 대역죄를 지었다"며 장성택을 국가 전복 음모 혐의로 처형했다. 2013년 9월 평양 김일성광장에서 북한 정권 수립 65주년 기념 열병식에 참석한 김정은(오른쪽), 장성택(왼쪽), 최룡해(가운데).

는 결정이 선포되어 온 장내가 열광적인 환호로 끓어번질 때 마지못해 자리에서 일어서서 건성건성 박수를 치면서 오만불손하게 행동하여 우리 군대와 인민의 치솟는 분노를 자아냈다"면서 그의 불경불손함도 문제가 되었다고 밝혔다.[14] 그 밖에도 명령 불복종, 경제 혼란, 추잡한 사진자료 유포, 도박, 부화방탕한 생활 등의 혐의도 받고 있었다.

어디까지가 사실인지 알 수는 없다. 북한은 국가 전복 음모를 가장 큰 죄로 설명했지만, 그에 대한 증거는 제시하지 않았다. 김일성이 박헌영을 제거할 때 그랬던 것처럼 정적을 숙청할 때 적용하는 것이 국가 전복 음모다. 김정은도 큰 혐의로 숙청의 명분을 강화하기 위해 국가 전복 음모를 제시했을 가능성이 있다. 오히려 두 번째 불경죄가 처형의 직접적인 원인이 되었을 가능성이 높아 보인다. 장성택은 자유분방한 스타일이어서 나이 어린 김정은에게 조심성 없이 행동했을 가능성이 있고, 이런 것들이 쌓여 김정은에게 위기의식을 가져다주었을 수 있다. 이런 상황에서 김정은은 정권의 안정을 꾀하기 위해 장성택을 제거하고, 처벌의 공포를 통해 그 주변에게도 강력한 경고를 하고자 했을 것으로 보인다.

개혁·개방에 긍정적이었던 장성택이 중국식 변화를 추구했고, 이를 자신의 권력을 무너뜨릴 수 있는 위협으로 인식한 김정은이 장성택을 제거한 것일 수도 있다. 더욱이 장성택의 곁에는 비슷한 생각을 하는 인물이 많아 김정은에게는 큰 위험 요소로 여겨졌을 가능성이 있다. 김정은의 이복형 김정남과 가까운 장성택을 미리 제거해 화근을 없애야겠다는 인식이 작용했을 수도 있다. 해외에 머물고 있는 김정남이 장성택과 연대해 쿠데타를 일으킬 것이라는 추측성 보도가 외신에 나오기도 했는데, 이러한 상황들이 김정은을 자극했을 수도 있다.

장성택 처형의 정확한 이유는 북한이 정보를 제공하지 않는 한 알기 어렵지만, 어쨌든 장성택 처형은 김정은이 나이는 젊지만 권력투쟁과 정치전략에는 능한 인물임을 여실히 보여주었다. 특히 김정은은 장성택 처형을 위해 자신의 측근과 국가안전보위부를 동원해 1년 이상 치밀하게 준비한 것으로 알려졌다.[15] 그렇다면 김정은은 권력 지향성이 강한 냉혈한이면서도 치밀성도 갖추고 있는 인물이라고 보아야 할 것이다.

더욱이 장성택 처형은 2012년 7월 총참모장 리영호의 숙청에 뒤이은 것이었다. 당시 리영호도 반혁명 분자로 몰려 숙청되었다. 권력 엘리트에 대한 숙청과 처형을 통해 김정은은 자기식의 공포정치를 실현하고 있었다. 권위주의 체제의 리더십을 깊이 연구한 미국 정치학자 대니얼 넬슨Daniel Nelson은 권위주의 체제에서 통치자가 리더십을 강화하는 방법은 3가지, 즉 카리스마charisma, 통제control, 강압coercion이라고 보았다.[16]

카리스마는 초인적 능력을 말한다. 막스 베버는 카리스마적 권위로 지도력을 확보할 수 있다고 말했는데, 넬슨도 유사한 이야기를 했다. 통제는 법적인 장치 등을 통한 리더십 강화 방안이다. 베버의 법적 · 합리적 권위와 비슷하다. 강압은 명령order과 규율discipline을 말한다. 강압적인 명령 체계와 내부적 규율 강화를 통해 최고 권력자의 지도력을 확보할 수 있다는 것이다. 김정은의 공포정치는 이 강압을 활용한 것이다. 강압을 좀더 폭력적인 형태인 공포로 강화시켜 자신의 리더십을 안정화하려고 했다.

최재영은 미국에 거주하는 목회자로 북한과의 교류 확대를 위해 기회가 있으면 북한을 방문해왔다. 2012년 9월 말부터 2주 동안 방북할 기회가 있었다. 미국과 캐나다에 거주하는 목회자, 언론인, 기업인 등 8명과 함께 북한을 방문했다. 농장과 공장과 유원지 등 다양한 시설을 돌아보는 기회를 가졌다. 당시 자신이 방북했던 곳들에 대한 기억을 『크리스천헤럴드』 홈페이지에 공개해놓았다.[17]

당시 최재영이 북한에서 인상적으로 본 것은 결혼식 피로연이었다. 일행들과 함께 북한 고유음식을 먹어보기 위해 평양대극장 1층의 부속 식장을 찾았다. 저녁식사를 주문하고 기다리는 데 일행 중 한 명이 "2층에서 피로연이 있다"고 전했다. 최재영은 얼른 올라가보았다. 피로연은 생각보다 화려하면서도 흥겨운 분위기였다. 신부는 분홍색 드레스, 군인인 신랑은 군복 차림이었다. 신랑신부 친구들이 축가를 불러주는 순서였다. 호피무늬 옷을 맞춰입은 신부 친구들이 〈준마처녀〉라는 축가를 불렀다. 신랑 친구들은 〈도시처녀 시집와요〉라는 노래를 신랑 이름을 넣어 개사해 불렀다. 말하자면 '○○○ 장가가요'라는 노래가 된 것이다. 그러면서 신랑신부 친구들이 한데 어우러져 춤을 추었다. 최재영은 연신 카메라를 눌러댔다. 누구도 신경쓰거나 경계하는 눈치는 아니었다.

최재영은 주변 사람들에게 이것저것 물어보기도 했다. 이야기를 들어보니 결혼식이 끝난 뒤 신랑신부는 만수대 언덕에 있는 김일성·김정일 동상에 참배하고 거기서 기념사진을 찍고 피로연장으로 왔다고 한다. 그것이 북한에서 하는 결혼식의 일반적인 절차라고 한다. 그날 피로연으로 보아 신랑신부의 부모가 고위직인 것으로 보였는데, 북한에서도 지위가 높거나 돈이 많은 사람들은 결혼식을 크고 화려하게 한다고 한다. 결혼식에 얼마나 많은 사람이 오느냐가 그 사람의 사회적 위상을 보여주는 척도가 된다는 이야기다. 특히 주차장에 자동차가 빼곡히 차면 '행세깨나 하는 집'으로 여긴다고 한다. 최재영은 식사를 마치고 주차장으로 갔는데 거기서 피로연을 끝내고 하객들이 돌아가는 모습을 볼 수 있었다. 신랑신부가 배웅하고 있었다. 어느새 신부는 고급스럽고 화려한 노란색 오단 드레스로 갈아입었다.

릉라인민유원지도 가보았다. 2012년 7월 개관 당시 김정은이 방문했던 곳이다. 일요일이어서인지 인산인해였다. 입장료는 2,000원이었다. 사람이 너무 많은 날에는 표가 다 팔려 암표가 4,000원에 거래되기도 한다고 한다. 놀이기구를 타려면 따로 돈을 내야 했다. 모두 다 타려면 1만 원 정도 들었다. 당시 북한 근로자 평균임금은 6,000원 정도였다. 특히 인기 있는 곳은 곱등어(돌고래)관이었다. 남포에서 평양까지 바닷물 수송관을 연결해 매일 물을 갈아주었다고 한다. 돌고래쇼도 여러 가지 묘기와 연기가 섞여 재미있게 진행되었다.

평양 근교에 있는 대동강타일공장은 건물의 외벽이나 내벽, 바닥에 쓰이는 각종 타일과 기와를 생산하는 곳이었다. 공장 내에서 미니버스를 타야 웬만큼 둘러볼 수 있을 만큼 컸다. 거기서 만난 북한 사람들은 걱정거리를 이야기했다. 생산은 많이 하고 있는데 수출을 할 수가 없다는 것이었다. "일반 대리석보다 강도가 7배나 되는 세계적인 제품을 만들었는데도 미국 때문에 어디에도 내다 팔 수가 없다"는 하소연이었다. 북한이 국제사회와 대결하면서 직접 겪는 피해의 현장을 방문한 것이다.

큰 공장 안에서 유약원료와 타일원료를 생산하는 시설을 견학했다. 근로자들이 땀을 뻘뻘 흘리면서 분주하게 움직이고 있었다. 정치적 상황이 어떻든 그들은 자신의 일에 몰두하고 있었다. 작업환경은 좋지 못했다. 공장 내부에 먼지가 계속 날려 뿌연 상태였고, 역겹고 독한 냄새가 진동했다. 환기나 공기 정화를 위한 시설이 제대로 안 돼 있었다. 그런데도 근로자들은 마스크도 끼지 않고 일하고 있었다. 최재영은 항의조로 이유를 물었다. "마스크는 충분히 있는데 불편하고 번거롭다며 쓰지 않고 일한다"는 것이 답이었다.

최재영은 원진레이온을 떠올렸다. 1960년대 경기도 남양주에 세워져 1990년대 초반까지 운영되던 인견사 생산업체였다. 생산 과정에서 이황화탄소가 많이 나왔는데, 여기에 근로자들이 노출되어 많은 피해를 보았다. 사망한 사람도 있었고, 200여 명은 병상에서 고통을 겪었다. 최재영은 1970~1980년대 고향 경기도 양평에서 서울 외가를 가는 길에 이 공장 앞을 지나갔다. 유독가스 냄새로 무척 힘들었다. 최재영은 그 기억을 평양에서 다시 떠올리게 되었다. 방문을 마치고 떠나오는 발걸음이 무척 무거웠다.

## 2014~2015년

제8장

××·×

# 김정은 우상화

## 21세기의 위대한 태양, 김정은

2013년 12월 장성택 처형 이후 김정은에 대한 우상화 작업이 본격화되었다. '위대한'이란 형용사가 김정은 앞에 붙기 시작했는데, 이는 김일성이나 김정일만을 수식하던 용어였다. 더구나 '수령'이란 용어도 김정은에게 붙기 시작했다.

2014년 초에는 우상화 교육을 위해 교사들이 사용할 교수敎授 참고서를 발행했다. 초급중학교용과 고급중학교용이 따로 만들어졌다. 주로 김정은의 비범한 기품을 선전하는 내용이었다. '3세 때 총을 쏘았고, 3초 내에 10발의 총탄을 쏘아 목표를 다 명중시키며 목표를 100퍼센트 통구멍 낸다', '3세 때부터 운전을 시작해 8세도 되기 전에 굽이와 경사지가 많은 비포장도로를 몰고 질주했다', '초고속 보트를 200킬로미터로 몰아 외국 보트회사 시험운전사를 두 번이나 이겼다' 등의 내용을 서술해 김정은의 비범성을 강조했다. 김정은의 초인적인 측면을 내세워 카리스마적 권위를 강화하려는 시도라고 할 수 있다.

이와 함께 교수 참고서는 김정은을 '선군조선의 위대한 태양'이라 칭하고, 그의 생일을 '민족 최대의 명절'이라고 명시했다. 이러한 용어들은 김일성에게만 붙여주던 것이었다. 학교 등의 건물 입구에도 '선군조선의 태양 김정은 장군 만세' 등의 구호가 붙었다. 김정은을 김일성과 연결시켜 조기에 우상화하려는 북한의 조급성이 엿보이는 부분이다.

2015년에는 김정은 우상화 가요도 만들어 보급했다. 〈우리는 당신밖에 모른다〉, 〈혁명무력은 원수님 영도만 받든다〉 등의 노래였다. 김정은을 위해 충성과 헌신을 다하자는 내용이다. 북한 사회 곳곳에 김정은 관련 문구와 사진 등을 전시함으로써 주민들 속에 우상화 의식을 확산하려는 노력도 전개했다. 평양 미림승마장에도 "말들이 대렬(대열) 훈련을 잘 해두어야 하겠습니다. 지금은 말을 전쟁에 이용하지 않지만 군대의 위용을 보여주는 면에서는 군마가 중요합니다"라는 김정은의 말이 벽에 새겨졌다. 김정일과 김정은이 나란히 백마를 타고 달리는 사진과 김정일이 어린 김정은을 안고 말에게 먹이를 주는 사진 등도 전시되었다. 김정은이 군사적 위용과 관련 있는 말에 관심이 많고, 실제로 말 다루기에도 능숙함을 보여주려고 했다.

2016년 1월 제4차 핵실험 이후에는 '김정은 강성대국', '김정은 조선' 등의 새로운 용어를 동원해 우상화 작업을 계속했다. '21세기의 위대한 태양', '만고절세의 애국자', '자주와 정의의 수호자' 등의 용어도 사용했다. 2016년 2월 장거리 로켓 시험 발사 직후에는 조선중앙TV가

이와 관련한 기록 영화를 방영했는데, 여기에서 김정은 태양상을 선보였다. 웃고 있는 김정은의 초상화가 태양처럼 둥근 원에 들어가 있고 주변에 태양빛이 비치는 모습이다. 태양에 빗대 김정은을 더욱 위대한 인물로 보이게 하려는 것이었다. 요컨대 북한은 김정은 권력을 안정화하는 작업을 하면서 동시에 김정은을 우상화해 김정은 유일체계를 공고화하려고 했다.

## 3각의 권력 엘리트 체제 형성

김정은 정권 3년차가 되면서 정권을 뒷받침하는 핵심 엘리트도 분명하게 드러나는 모습을 보였다. 핵심 엘리트는 3각 구조의 양상이다. 한 축은 김정은의 혈족, 즉 로열패밀리, 한 축은 항일빨치산 혈통, 한 축은 테크노크라트였다. 이들이 3각 구조를 구축하고 김정은을 보좌하면서 북한 정권을 유지하게 되었다.

로열패밀리는 김정은의 여동생 김여정으로 대표된다. 나이는 20대에 불과하지만, 김정은의 신뢰를 바탕으로 상당한 실권을 갖고 있는 것으로 전해진다. 조선중앙방송이 2014년 3월 최고인민회의 대의원 선거 소식을 전하면서 김정은의 수행인으로 김여정을 호명했다. 그의 이름이 처음으로 공식 등장한 것이다. 당 조직지도부 부부장 황병서 바로 다음으로 소개되어 이때부터 당 부부장을 맡고 있었던 것으로 보인다. 그녀가 공식적으로 당 부부장으로 호명된 것은 이후 2014년 11월 27일

2014년 3월 22일 평양 4·25문화회관에서 한광상 재정경리부장(앞줄 가운데)과 김병호 재정경리부 부부장(앞줄 오른쪽) 사이 뒷줄에 김여정이 앉아 모란봉악단의 공연을 관람하고 있다.

자 『로동신문』이 김정은의 현지 지도를 보도하면서 역시 수행인으로 '김여정 부부장'을 언급하면서부터다.

2014년 3월 이전에도 김정은을 수행하는 김여정이 종종 포착되었기 때문에 주요 역할을 하기 시작한 것은 훨씬 이전부터라고 할 수 있다. 최고 권력자로 권력 집중이 다른 어떤 체제보다 강한 북한에서 김정은 으로서는 완전히 신뢰할 수 있는 인물에게만 힘을 실어줄 가능성이 높 다. 그런 점에서 김여정은 당 조직 관리나 통치자금 관리 등의 핵심 분 야에서 자신의 역할을 확대해나갈 가능성이 높다.

두 번째 권력 엘리트인 항일빨치산 혈통 계열도 주요 포스트를 장악 하고 있다. 그 대표는 최룡해다. 김일성의 항일빨치산 동료 최현의 아 들인 최룡해는 조선인민군 총정치국장, 당 정치국 상무위원, 당중앙군사위원회 부위원장, 당비서 등을 맡아오면서 김정은 정권의 핵심 역할을 했다. 당 선전 비서 김기남, 당 교육 비서 최태복, 국방위원회 부위원장 오극렬(김일성의 항일빨치산 동료 오중흡의 조카), 당 간부 비서 김평해, 최고인민위원회 상임위원 태종수, 당 민방위부장 오일정(김일성의 항일빨치산 부하 오진우의 아들), 조선인민군 부총참모장 오금철(김일성의 항일빨치산 동료 오백룡의 아들) 등도 여기에 속한다. 국가안전보위부장 김원홍(김일성 부친 김형직의 항일운동 동지 홍종우의 외손자)도 마찬가지다. 가산제家産制 국가 북한에서 김씨 정권의 가산처럼 여겨지는 북한의 권력과 부를 이들은 대를 이어 분점하면서 정권을 지지하는 주요 역할을 하고 있다.

세 번째 권력 엘리트 테크노크라트의 대표는 황병서다. 그는 오랫동안 당 조직지도부에서 군을 통제하는 일을 담당했다. 최룡해 다음으로 2014년 4월부터 조선인민군 총정치국장을 맡아 군에 대한 당의 지도를 확보함으로써 김정은 정권을 받쳐주는 역할을 했다. 황병서가 당과 군을 맡고 있다면, 경제는 박봉주가 담당하고 있었다. 오랫동안 생산 현장과 경제정책을 맡아온 박봉주는 2013년 다시 총리로 기용되어 경제 건설을 책임지고 있었다. 외교 분야의 테크노크라트는 리수용이 대표적이다. 김정은이 스위스 유학 시절 스위스 대사를 지낸 리수용은 2014년부터 외무상을 맡아 북한 외교를 지휘했다. 그 아래에서 외부성 부상을 맡은 리용호도 주로 미국과의 관계를 담당하면서 소장파 외교 테크노크라트의 핵심 역할을 했다.

이렇게 북한 권력의 3축은 나름의 특성과 장점을 갖고 북한 정권의 받침돌 역할을 하고 있다. 특히 항일빨치산 혈통과 테크노크라트는 그 수가 많고 서로 다른 성장 과정을 거쳐 경쟁 관계에 있다고 할 수 있다. 이들이 그런 관계 속에서 북한의 발전 전략을 세워가고 김정은에 대한 충성 경쟁도 하면서 당과 군, 국가기구를 이끌어가고 있다.

## 남북고위급회담

2014년에 북한은 남북 관계 개선에 나섰다. 우선 김정은은 1월 1일 신년사를 통해 "북남 사이 관계 개선을 위한 분위기를 마련하여야" 한다면서, "동족끼리 비방하고 반목질시하는 것은 용납될 수 없으며 그 것은 조선의 통일을 바라지 않는 세력들에게 어부지리를 줄 뿐"이라고 강조했다. 이에 대해 박근혜 대통령은 1월 6일 신년 기자회견을 통해 설 명절을 계기로 이산가족상봉 행사를 갖자고 제안했다. 북한은 1월 16일에는 '중대 제안'이라면서 상호 비방·중상 중지, 군사적 적대 행위 중지, 한반도 핵 재난을 막기 위한 상호 조치 등을 제안했다.

박근혜 정부는 이를 '위장평화공세'라며 폄하했다. 그러자 북한은 1월 24일 일방적으로 비방·중상을 중지하겠다고 선언했다. 그리고 남한의 이산가족상봉 제안을 수용했다. 남북은 협의해 들어가 2월 20~25일 금강산에서 이산가족상봉 행사를 갖기로 했다. 또한 북한은 2월 8일 이산가족상봉과 비방·중상 중지 등의 문제를 논의하기 위한 남북고위급회담을 제의했다. 남북이 협의 끝에 2월 12일 고위급회담을 갖기로 했다. 그렇게 해서 남북고위급회담이 2007년 이후 7년 만에 열리게 되었다. 차관급 이상의 고위급회담은 노무현 정부 당시 열린 뒤 이명박 정부 내내 열리지 못했다.

2월 12일 남북의 대표가 판문점에서 만났다. 북한 수석대표는 원동연 통일전선부 부부장이고, 전종수 조국평화통일위원회 서기국 부국장 등이 함께 참석했다. 남한은 김규현 청와대 국가안보실 제1차장을 수석대표로 청와대 통일비서관 홍용표, 통일부 회담기획부장 배광복 등이 참석했다. 핵심 의제는 이산가족상봉 문제와 상호 비방·중상 중지 문제였다.

그런데 문제는 이산가족상봉 기간이 한미합동군사훈련 기간과 겹쳤다는 것이다. 북한은 훈련 연기를 요구했지만, 남한은 거부했다. 북한은 또 상호 비방·중상 중지를 주장했다. 첫날 회담에서 양측은 서로의 주장을 계속해 합의를 이루지 못했다. 14일 회담이 속개되어 이산가족상봉은 한미합동군사훈련과 상관없이 예정대로 진행하기로 했다. 또, 남북한은 상호 비방·중상을 중지한다는 데에도 합의했다. 비방·중상과 관련해 북한은 남한 언론들의 북한 비판도 거론했다. 그것을 중지시켜달라는 것이었다. 남한은 언론 통제는 불가능한 것임을 설명했다. 남한의 설명을 듣고 북한은 더는 언론 통제를 이야기하지 않았다.

김정은은 2013년 12월 장성택을 처형한 이후 국내적 안정에 주력하고 있었다. 2014년 남북 관계 개선에 적극 나선 것은 이를 위한 것이었다. 비방·중상의 중지에 대한 합의를 북한이 중시한 것도 내부적 안정이 그만큼 절실하게 필요한 때문이었다. 국내적 안정을 위해서는 남북 관계의 안정도 필요했다. 이산가족상봉도 그런 차원에서 수용한 것이다. 그래서 강하게 주장하던 한미합동군사훈련 연기 주장을 접고 이산가족상봉 행사를 갖는 데 합의했다.

국내적 안정과 함께 김정은에게 필요한 것은 경제 건설이었다. 남북 관계 개선은 이를 위해서도 필요했다. 당장 무엇을 얻는 회담이 아니더라도 관계의 진전 속에서 경제적 지원을 위한 회담도 기대했을 것이다. 당시 김정은은 그러한 단기·장기 포석을 갖고 남북 관계 개선에 나섰던 것으로 보인다.


## 일본인 납치자 재조사 합의

남북 관계와 북미 관계가 진전을 보지 못하고, 그에 따라 핵·미사일 문제 역시 해결책을 찾지 못하는 가운데 북한과 일본은 중국에서 비밀리에 협상을 계속했다. 납치자 문제가 핵심 의제였다. 2014년 5월에는 스웨덴 스톡홀름에서 만났다. 북한에서는 외무성 북일국교정상화 교섭 담당 대사 송일호, 일본에서는 외무성 아시아대양주 국장 이하라 준이치伊原純一가 대표였다. 3일간의 협의 끝에 2014년 5월 29일 양측은 드디어 합의에 이르렀다. 북한이 납치자 문제를 전면 재조사하고, 대신 일본은 대북 제재를 일부 해제한다는 내용이었다.

이 합의 내용을 구체적으로 보면, ① 납치자 문제 조사를 위해 북한은 '특별조사위원회'를 구성해 조사를 시작한다, ② 일본은 인적 왕래·대북 송금 등에 대한 규제와 인도적 목적의 북한 선박 입항 금지 등을 해제한다, ③ 북한은 북한 내의 일본인 유골과 묘지에 대한 적절한 조치를 취한다, ④ 북한은 실종자 문제를 조사한 뒤 그에 따라 적절한 조치를 취한다 등을 포함하고 있었다. 납치자의 숫자와 사망 여부 등에 대해 그동안 북한과 일본은 각각 다른 주장을 했는데, 그런 문제에 대해 전면적으로 조사하기로 하고, 그에 대한 보상으로 일본이 경제제재를 해제하기로 한 것이다.

특별조사위원회의 기능이 합의의 중요한 부분이었는데, 일본인 유골·묘지, 잔류 일본인, 일본인 배우자, 납치 피해자·행방 불명자 등에 대해 포괄적인 조사를 실시하는 역할을 했다. 그리고 조사결과를 수시로 일본에 통보하고, 처리 방안을 협의하기로 했다.

북한으로서는 그동안 일본이 주장하던 '북한의 주장을 못 믿겠다. 처음부터 완전히 다시 조사하자'라는 주장을 수용한 것이다. 다시 말하면 북한이 2002년 9월 북일정상회담 당시 밝힌 '납치자는 13명, 5명 생존, 8명 사망'이 사실이 아닐 수도 있고 납치자가 더 있을 수 있다는 것을 스스로 인정한 것이나 마찬가지였다. 그만큼 북한으로서는 큰 것을 내놓은 것이다.

당시 북한은 일본과의 협상을 통해 남한과 미국의 압박을 약화시키고자 했던 것 같다. 박근혜 정부는 비핵화가 안 되면 남북 교류는 있을 수 없다고 주장했다. 미국도 비핵화를 위한 선조치가 이루어지지 않으면 6자회담을 열 수 없다는 태도를 견지했다. 한미일이 공조해 압박을 강화하고 있었다. 그런 상황에서 북한은 일본과의 합의로 공조의 틀을 무너뜨린 뒤 우선 미국과의 협상의 기회를 마련하려고 했던 것으로 보인다.

일본은 왜 한미일 공조에 균열을 초래하면서 북한과 합의했을까? 아베 정권은 납치자 문제 해결을 통해 국내 여론의 지지도 상승을 원했던 것으로 보인다. 일본의 여론은 북한과의 관계에서 가장 먼저 해결되어야 하는 문제는 납치자 문제로 보았다. 그런 문제를 해결하면 국내적 지지를 확보하는 데 크게 도움을 받을 수 있었다. 북한을 압박하기 위한 한미일 공조를 깨는 문제와 관련해서는, 북한과의 개선된 관계를 통해 대북 영향력을 확보한 뒤 이를 통해 핵·미사일 문제 해결에 기여할 수 있다고 생각했던 것이다. 그렇게 되면 문제 해결의 주도권까지 쥘 수 있다는 계산을 했을 것이다.

이와 같은 양측의 나름의 전략에 따라 합의는 이루어졌다. 이후 북한은 재조사를 진행했고, 일본도 제재를 일부 해제했다. 하지만 북한이 제4차 핵실험을 하고 장거리 로켓 시험 발사를 계속하면서 일본은 제재를 재개했다. 그에 따라 북한은 2016년 2월 납치자 재조사를 중단하고 특별조사위원회를 해체했다.


## 미녀응원단 불참


2014년 9월 19일에서 10월 4일까지 인천에서 아시안게임이 예정되어 있었다. 북한도 여기에 참여하기로 했다. 당초 선수단 350명과 응원단 350명을 파견하려고 했다. 이동 방법 등을 구체적으로 협의하기 위해서는 남북 간의 합의가 필요했다. 2014년 7월 17일 판문점 '평화의 집'에서 남북 간의 실무 접촉이 열렸다. 북한은 선수단을 비행기로 서해 직항로를 이용해서, 응원단은 육로로 이동하겠다고 계획을 말했다. 응원단 숙소는 자신들이 갖고 있는 대형여객선 만경봉 92호로 하겠다고 했다. 원산에 있는 배를 인천항으로 가져와 숙소로 이용하겠다는 것이다.

7월 17일 오전 북한이 이런 계획을 발표하자, 박근혜 정부는 어느 정도를 허용할지 고민했다. 오후 일정이 2시간이나 늦어질 정도였다. 남한은 요구 사항을 내걸었다. 대형 인공기는 사용하면 안 된다고 했고, 체재 비용은 국제 관례와 대회 규정에 따르겠다고 밝혔다. 북한은 발끈했다. 그동안 국제 체육행사에 참가해 대형 인공기로 응원한 적이 없었다. 그런데 남한이 먼저 그런 요구를 했다. 체재 비용 문제는 2002년 부산아시안게임 등 과거 세 차례 북한이 응원단을 보냈을 때에는 남한이 부담해주었다. 그런 것을 무시하고, 박근혜 정부는 국제 관례와 대회 규정에 따르겠다고 한 것이다. 그렇게 되면 선수단 50명에 대해서만 남한이 지원하고, 나머지는 북한이 부담해야 했다. 그 인원을 다 데려오는 데에는 10억 원 정도의 비용이 더 필요했다.

결국 남한의 경직된 태도 때문에 실무 접촉은 결렬되었다. 북한은 선수단 150명만 참석하고 응원단은 데려오지 않기로 했다. 북한이 연초부터 남북 관계 개선에 관심을 두고 있는 상황에서 경기·인천 지역의 시민단체들은 북한 응원단 체재비 지원은 물론 남북공동응원단 구성도

2014년 9월 인천아시안게임에서 북한은 선수단 150명만 참석하고 응원단은 데려오지 않았다. 이는 남한의 경직된 태도로 실무 접촉이 결렬되었기 때문이다. 2003년 8월 대구유니버시아드 대회에서 응원하고 있는 북한의 미녀응원단.

촉구했다. 인천아시안게임을 남북 관계 발전의 계기로 삼아야 한다는 취지였다. 하지만 박근혜 정부는 일찌감치 그런 생각을 접고 있었다. 실무 접촉이 무산된 뒤 언론들은 이미 예견된 일이라는 반응을 보였다.

"사실 우리 정부의 입장은 그동안 시종일관 냉정했습니다. 지난 4월부터 정부 사이드를 포함해 남북 문제에 관여하는 인사들을 만나온 결과, 인천아시안게임에 북한이 선수단을 파견하면 국제 관례대로 지원할 것이라는 입장이었습니다. 그래서 듣고 있는 기자와 주변 인사들은 정부에 유연성 결여를 지적하기도 했습니다. 두어 달 전만 해도 북한 응원단은 시기적으로 맞지 않다며 상정조차 하지 않았습니다."[1]

이런 반응을 보였다. 박근혜 정부의 경직된 태도로 선수단 규모도 줄고, 응원단도 오지 못하게 되었는데 남한 정부는 이를 두고 원칙 있는 행동이었다고 스스로 평가했다. 하지만 이를 두고 지나친 상호주의 적용이라는 비판이 일었다. 철저한 계산이 있었을 뿐 남북 관계의 진전에 필요한 양보와 타협이 없었다는 것이다.

연초부터 계속된 북한의 평화 공세에 대한 박근혜 정부의 경계도 작용했던 것으로 보인다. 북한이 대규모 선수단을 파견하고, 육로가 개방되고, 북한의 미녀들이 남한에서 관심을 받으면서 급속하게 평화 분위기가 조성되면 북한의 주도권에 끌려가는 형국이 될 것이라고 판단했다. 게다가 북한 선박의 남한 해역 운항을 전면 금지한 5 · 24 조치와의 상충 문제도 박근혜 정부의 경직된 태도를 불러오는 원인이 되었다. 응원단 숙소로 사용할 만경봉 92호를 원산에서 인천으로 끌고 오려면 제주해협을 지나야 했고, 이는 북한에 대한 제재 완화로 인식될 수 있었다. 박근혜 정부는 그런 것도 우려해 응원단을 허용하지 않은 것이다.

## 실세 3인방 인천아시안게임 참석

2014년 10월 3일 오전 인천아시안게임 지원을 위해 마련된 상황실을 통해 북한이 남한에 메시지를 전했다. "내일 황병서 조선인민군 총정치국장, 최룡해 조선노동당 비서, 김양건 조선노동당 비서가 인천을 방문하겠다"는 것이다. 10월 4일 아시안게임 폐막식에 참석하겠다는 이야기다. 10월 1일 북한 여자축구팀이 일본을 3대 1로 꺾고 금메달을 따자 긴급하게 인천 방문이 결정되었던 것 같다. 최고위급 인사 3명이 한꺼번에 방문하는 데 하루 전에 통보한다는 것은 외교적 결례였다. 하지만 남한은 긴급하게 외교안보라인이 협의해 그날 오후 북한에 수용 의사를 전했다. 이들은 김정은 바로 아래에 있는 북한의 최고 실세들이었다. 어쨌든 이들을 만나 대화를 해보는 것은 북한의 상황을 평가하는 데에도 나쁠 것이 없다고 판단했다.

이들은 동체에 '조선민주주의인민공화국'이라고 적혀 있는 김정은의 전용기를 타고 10월 4일 오전 9시에 평양을 출발했다. 서해 직항로를 이용해 9시 50분쯤 인천공항에 도착했다. 황병서는 군복, 최룡해·김양건은 양복 차림이었다. 검은 정장에 선글라스와 이어폰을 낀 경호원도 함께 내렸다. 인천 송도의 호텔에서 2시간 정도 머물다가 오후 1시 40분부터 남한 인사들과 오찬 회담에 들어갔다. 남한에서는 청와대 국가안보실장 김관진, 국가안보실 제1차장 김규현, 통일부 장관 류길재 등이 참여했다. 3인방 가운데서도 리더는 황병서였다. 부드러운 이미지지만 노련했다. 최룡해는 다변이었다. 김양건은 여유가 있는 편이었다. 양측은 회담에서 제2차 남북고위급회담을 갖기로 했다. 8월에 남한이 제안한 이래 북한이 확답을 하지 않고 있었는데, 이에 대해 합의한 것이다.

회담을 마친 뒤 이들은 선수촌으로 이동해 선수단을 격려했다. 폐막식 전에 이들은 정홍원 총리와 면담했고, 새누리당 대표 김무성과 새정치민주연합 비대위원장 문희상 등 여야 대표들도 만났다. 폐막식에 참석한 이들은 〈애국가〉가 연주될 때는 자리에서 일어나 예를 갖췄다. 폐막식 뒤 정홍원 총리 등과 환담한 뒤 밤 10시 25분에 타고 온 비행기에 올라 북한으로 돌아갔다.

이들에게 박근혜 대통령 예방을 제의했지만 사양하고, 친서도 없었다. 하지만 실세 3인방을 한꺼번에 파견함으로써 김정은은 대화의 의지를 분명히 보이려고 했다. 실제로 남한과의 회담을 통해 제2차 남북고위급회담을 열기로 했다. 당시 김정은은 다리를 저는 모습 때문에 건강 이상설이 제기되었는데, 북한은 이를 불식시키려는 의도도 있었던 것으로 보인다. 김정은의 건강에 대한 류길재 통일부 장관의 질문에 황병서는 "아무 문제 없다"고 분명히 말했다.

이와 함께 김정은은 3인방으로 하여금 그동안 꾸준히 금지를 요구했던 대북 전단 살포에 대해 분명한 해결 방안을 찾도록 했을 가능성도 있다. 하지만 이에 대해서는 합의된 것이 없었다. 또, 북한의 3인방 파견은 '통일대박' 등을 내세우면서 흡수통일의 의도를 갖고 있는 것처럼 보이는 박근혜 정부의 속내를 정확히 파악해보려는 의도도 갖고 있었다. 이렇게 여러 목적을 갖고 실행된 실세 3인방의 남한 방문은 우선 눈에 보이는 성과로는 제2차 남북고위급회담 재개만을 내놓고 마무리되었다.

이후 남북 관계는 대북 전단 살포 문제로 악화되었다. 북한은 전단 살포가 상호 비방·중상 중지 약속을 위반한 것이라고 주장했다. 남한은 민간단체의 전단 살포는 표현의 자유에 해당하는 것으로 막을 수 없다고 맞섰다. 10월 10일에는 북한이 남한의 민간단체가 날려 보낸 대북 전단을 향해 고사총 사격을 가했다. 이후 대북 전단 살포를 금지해야 제2차 남북고위급회담을 열 수 있다고 주장했다. 하지만 남한은 이를 들어주지 않았다. 결국 북한은 11월 1일 조국평화통일위원회 성명을 통해 대북 전단 살포를 이유로 남북고위급회담에 응하지 않겠다고 밝혀 고위급회담은 무산되었다.

## 목함지뢰 도발과 4인 고위급회담

2015년 8월 4일 경기도 파주 비무장지대DMZ 남한 측에 매설된 목함 지뢰가 폭발했다. 남한군 부사관 2명이 각각 다리와 발목이 절단되는 중상을 입었다. 군이 신속하게 사고 원인을 조사하고 북한의 소행이라고 발표했다. 조선인민군이 군사분계선을 넘어와 지뢰를 매설하고, 이것을 남한군이 밟아 사고가 났다는 것이다.

이에 대한 남한의 대응은 대북 확성기 방송이었다. 8월 10일 경기도 연천과 파주에 있는 확성기 방송을 재개했다. 12일에는 강원도 화천 등에 있는 확성기도 방송을 시작했다. 북한은 확성기 방송에 매우 민감하게 반응했다. 방송을 중단하지 않으면 군사적 행동을 개시하겠다고 경고했다. 북한은 대북 전단과 마찬가지로 확성기 방송은 북한 주민이나 병사들을 자극할 수 있다고 판단했다. 특히 식량 사정이 좋지 않은 상황에서 남한의 방송을 듣고 전방의 군인들이 혼란스러워할 것에 대해 크게 우려하고 있었다. 그래서 북한은 민감할 수밖에 없었다.

8월 21일 북한은 조선인민군에 준전시 상태를 선포하고 완전무장할 것을 명령했다. 그래도 남한이 확성기 방송을 계속하자 북한은 22일 대화를 제의했다. 조선노동당 대남 비서 김양건과 청와대 국가안보실장 김관진의 접촉을 제안했다. 남한은 군 총정치국장 황병서가 나와야 한다고 주장했다. 다시 북한이 황병서·김양건-김관진·홍용표 4인 고위급회담을 제의했다. 남한이 이를 수용해 홍용표 통일부 장관이 포함된 4인 회담이 22일 오후 6시 30분 판문점에서 열렸다. 회담은 마라톤식으로 25일 새벽까지 계속되었다.

그 결과 공동합의문을 낼 수 있었다. 그 내용은 6가지였다. ① 당국회담을 개최한다, ② 북한은 지뢰 폭발로 군인들이 부상한 것에 대해 유감을 표명한다, ③ 대북 확성기 방송을 중단한다, ④ 북한은 준전시 상태를 해제한다, ⑤ 추석을 계기로 이산가족상봉을 진행한다, ⑥ 민간 교류를 활성화한다.

이렇게 북한이 회담을 제의하고 합의까지 한 것은 첫째, 대북 확성기 방송을 반드시 중단시켜야 했기 때문이다. 김정은 체제의 장기적 안정과 관련된 것이어서 북한은 이를 매우 중시했고, 이것을 얻기 위해 유감을 표명하고 이산가족상봉을 약속했다. 둘째, 중국의 역할 때문이었다. 중국은 9월 3일 제2차 세계대전 종전을 기념하는 전승절戰勝節 행사를 국제적인 행사로 준비하고 있었다. 박근혜 대통령도 초청해놓고 있었다. 남북한 긴장의 고조는 이 행사에 대한 결정적인 방해가 될 수 있었다. 그래서 북한에 남한과의 대화를 독려했다.[2]

실제로 8월 21일 외교부 한반도평화교섭본부장 황준국을 만난 중국 외교부 한반도사무특별대표 우다웨이武大偉는 남북한의 상황에 대해 "심각히 우려하고 있다"면서 "중국은 현 상황과 관련해 건설적인 역할

북한이 2015년 8월 고위급회담을 제의하고 합의까지 한 것은 중국의 역할 때문이다. 중국은 제2차 세계대전 종전을 기념하는 전승절 행사를 국제적인 행사로 준비하고 있어 북한에 남한과의 대화를 독려했다.

을 하고 있으며 앞으로도 계속해나갈 것"이라고 말했다.[3] 그러고는 그 다음 날 북한이 남한에 접촉을 제안했다. 중국이 북한에 상당한 압박을 가했음을 짐작할 수 있다.

이런 과정을 통해 목함지뢰 사건은 일단 마무리되었는데, 그렇다면 북한은 왜 그 시점에 목함지뢰 매설이라는 도발을 감행했을까? 여기에 도 2가지 이유가 있다. 하나는 남한에 대한 도발을 통해 남한 정부를 압박해 남북 관계의 주도권을 쥐려고 했던 것으로 여겨진다. 박근혜 정부는 북한에 대해 줄곧 경경한 입장을 견지하면서 포용의 모습을 보이지 않았다. 그런 남한에 저강도 도발을 감행해 태도의 변화를 끌어내 보려고 했다. 또 하나는 대남 강경 분위기를 통해 김정은 정권의 대담성과 남한에 대한 우위 등을 과시하려고 했다. 이러한 목적에서 목함지뢰 사건이 발생했고, 이에 대해 남한이 강경한 정책으로 대응하면서, 또 중국이 회담을 독려하면서, 남한과 협상의 장을 마련한 것으로 보인다.

## 차관급 당국회담 결렬

4인 고위급회담의 합의문 제1항에 따라 남북한은 12월 11일 개성공단 종합지원센터에서 차관급 당국회담을 열었다. 북한에서는 조국평화통일위원회 서기국 부국장 전종수, 남한에서는 통일부 차관 황부기가 수석대표로 나왔다. 그동안 회담이 그랬던 것처럼 시작은 부드러웠다. 전종수는 '장벽을 허물어 골을 메우자'고 했고, 황부기는 '첫 길을 잘 내자'고 말했다.

본격 회담에 들어가자 남북의 생각 차이는 곧 드러났다. 북한은 금강산 관광 재개가 주요 관심이었다. 남한은 신변안전보장, 재발 방지, 사업자 재산권 보호가 보장되지 않으면 안 된다고 주장했다. 그뿐만이 아니었다. 모든 문제를 한꺼번에 꺼내놓고 이를 모두 얻으려고 했다. 이산가족 전면 생사 확인, 서신 교환, 비무장지대 생태공원 조성, 개성공단 3통(통행, 통신, 통관) 문제 등을 내놓았다. 협상이 쉽게 될 리 없었다. 12일까지 협상은 이어졌다.

결국 다음 회담 일정도 못 잡고 회담은 끝났다. 금강산 관광과 관련해 합의점을 찾지 못해 결실을 얻지 못했다. 북한은 합의문에 금강산 관광 재개를 넣고 신변안전보장, 재발 방지, 사업자 재산권 보호 문제 등은 추후 실무 회담을 따로 열어 논의하자고 했다. 남한은 이것을 거부했다. 금강산 관광 재개를 합의문에 넣을 수 없다고 주장했다. 그러려면 아예 금강산 관광 문제 전체를 따로 떼어 추후 회담 일정을 정해 논의하자고 했다. 회담 재개에 일단 합의해주고 구체적인 문제를 협의하는 것이 싫었던 것이다. 이를 보고 북한은 남한이 금강산 관광 재개 의사가 전혀 없는 것으로 판단하고 결렬시킨 것이다.

북한은 금강산 관광이 재개될 수 있다면 이산가족 문제에 대해 전면적인 생사 확인과 상봉 정례화 등도 할 수 있다고 표명했다. 금강산 관광과 이산가족 문제를 연계시켜 동시에 이행하자는 것이었다. 이에 대해 남한은 이산가족 문제는 인도적인 문제로 금강산 관광 재개와 같은 비중으로 볼 수 없다고 주장했다.

남북 회담이 결렬될 때는 언제나 양측의 입장이 모두 강경했기 때문이지만, 2015년 12월 회담에서도 양측은 타협보다는 자기 주장을 지나치게 내세웠다. 북한은 금강산 관광 재개만을 보고 있었고, 남한은 양보 없는 협상과 원칙 있는 남북 관계에 너무 얽매였다. 하지만 깊이 따져보면 회담에서는 남한이 더 완강했다고 할 수 있다. 남북 관계에 개선 의지가 있었다면, 금강산 관광 재개에 합의하고 추가적인 문제는 다음 회담에서 협의하자는 북한의 제안에 동의할 수 있었다. 한꺼번에 합의가 안 되면 그렇게 나누어서 협상하는 것이 합리적이다. 설혹 북한이 추후 협상에서 남한의 요구를 전면 거부한다면 그때 가서 결렬시켜도

된다. 그런데 남한은 그런 방안을 찾으려 하지 않았다. 북한의 현금 수입 창구가 될 수 있다는 판단에 따라 금강산 관광 자체에 대해 부정적인 생각을 갖고 있었기 때문이다.[4]

또 이산가족 문제보다 금강산 관광 재개를 무거운 문제로 보는 것도 지적받을 만한 인식이었다. 남한에는 이산가족 문제가 인도적인 문제이니 우선적으로 해결하는 것이 옳고 그게 당연하다고 할 수 있다. 하지만 북한은 그렇지가 않다. 북한의 가족이 남한의 가족을 만나는 것 자체에 대해 매우 민감하게 생각한다. 남한 가족들에게서 듣는 말로 북한 사람들이 영향을 받지 않을까 염려한 것이다. 그래서 많은 사전교육 이후에 상봉장에 내보낸다. 물론 그것이 근본적으로는 북한의 많은 약점 때문에 생기는 현상이긴 하다. 하지만 그것을 탓해서는 회담이 성립하기 어렵다. 지금의 현실을 이해하고 거기서 서로 타협할 수 있는 길을 찾는 것이 협상이다. 2015년 12월 협상에서도 남북은 그런 자세를 보이지 못했고, 특히 남한은 그런 태도에서 더 모자랐다.

## 강력한 군부 통제

권위주의 체제를 유지하는 데 군은 핵심 역할을 하게 마련이다. 권력이 집중된 체제에서 반체제 세력의 준동蠢動을 막는 일은 무엇보다 중요한 일이고, 이를 효과적으로 할 수 있는 조직이 군이기 때문이다. 북한에서도 김일성·김정일 정권을 거쳐오면서 다른 어떤 조직보다 군은 중시되었다. 김정은 정권 출범 이후에도 크게 다르지 않았다. 김정은은 후계자로서 짧은 준비 기간과 경륜 부족 때문에 군부를 분명하게 장악할 필요가 있었다. 그것을 통해 자신의 권위와 지도력을 보여줄 필요가 있었다.

김정은이 군부를 장악하는 방안은 잦은 인사였다. 이는 집권 3년 정도 되는 시점에 분명해졌다. 군부의 최고위직을 필요할 때 수시로 교체함으로써 군 수뇌부를 긴장시키고 그를 통해 충성을 확보하는 방식을 활용했다. 우선 2010년 9월 제3차 당대표자회가 개최된 지 얼마 되지 않아 군부 원로 김일철과 김영춘 등은 주요 행사의 주석단에서 보이지 않았다. 현철해와 박재경 등도 실질적인 권력을 가진 자리에서 물러나게 해서 명예직 정도만 갖게 했다. 현철해는 김정일이 김정은 정권을 받쳐줄 군부 핵심 인물로 지명한 것으로 알려진 사람이었다.

군부의 최고위 직책을 중심으로 잦은 인사 상황을 살펴보자. 현재 북한군에서 가장 중요한 자리는 조선인민군 총정치국장이다. 이 자리에 대한 인사는 잦은 편은 아니었다. 김정은 정권 출범 이후 최룡해가 맡아오다가 2014년 4월에 황병서로 바뀌었다. 군의 최고위 직책에 대해서는 한 차례의 교체로 그나마 안정감 있는 인사를 하고 있는 편이다. 다음으로 중요한 자리는 조선인민군 총참모장이다. 군 작전에 대한 실질 명령권을 가진 자리다. 2009년 1월 김정은이 후계자로 확정된 직후 이 자리는 리영호가 맡아왔다. 그가 군부의 지지를 김정은에게 모아주는 역할을 맡았다. 하지만 그는 2012년 7월에 해임되고 숙청되었다. 군의 경제권을 민간으로 넘기는 데 부정적인 입장을 보이다가 숙청된 것으로 전해진다.

총참모장은 현영철이었다. 하지만 그도 1년을 못 채우고 2013년 5월에 해임되었다. 더욱이 그는 계급도 차수에서 대장과 상장으로 잇따라 강등되었고, 2014년 6월에는 다시 대장이 되면서 인민무력부장에 임명되었다. 그러고는 다시 2015년 4월에 인민무력부장에서도 해임되었다. 2013년 5월에 총참모장이 된 인물은 김격식이었다. 하지만 그는 3개월 만에 해임되고 2013년 8월에는 리영길이 총참모장이 되었다. 리영길은 2016년 2월까지 하다가 리명수에게 총참모장 자리를 넘겨주었다. 김정은 정권에서 총참모장 자리는 리영호-현영철-김격식-리영길-리명수 순서로 바뀐 것이다.

인민무력부장은 군의 행정을 총괄하는 자리로 역시 군부의 핵심 포스트 가운데 하나다. 김영춘이 그 자리를 맡고 있다가 김정일 사망 이후 김정은이 명실상부 최고 권력자가 되면서 2012년 4월부터 김정각이 맡았다. 하지만 그는 11월 김격식에게 자리를 넘겨주었다. 김격식은 6개월 후인 2013년 5월에 그 자리에서 물러나고 총참모장이 되었다. 그리고 총참모장을 3개월 하고 해임되었다. 김격식에게서 인민무력부장 자리를 물려받은 인물은 장정남이었다. 그는 1년 1개월 동안 그 자리를 맡다가 2014년 6월 현영철에게 인계했다. 현영철은 8개월 후인 2015년 4월에 해임되었다. 이후에는 박영식이 그 자리를 이어받았다. 김영춘-김정각-김격식-장정남-현영철-박영식으로 이어져 김정은 시대에 벌써 6명이 인민무력부장을 맡았다. 김일성 집권 46년 동안에는 최용건, 김광협, 김창봉, 최현, 오진우 5명이 그 자리를 지켰고, 김정일 집권

김정은은 군부를 통제하고 장악하기 위해 잦은 인사와 전격 발탁 등의 방법으로 '긴장 유발'의 전략을 활용했다. 2016년 5월 평양 김일성광장에서 열린 평양시군중대회에 참석한 김영남(가운데), 김원홍(왼쪽), 리명수(오른쪽).

17년 동안에는 최광, 김일철, 김영춘 3명이 인민무력부장을 지냈다. 이런 모습과 김정은 정권의 잦은 교체는 크게 대조를 이룬다.

총참모부 내에서 핵심 직책인 작전국장도 2013년 9월에는 변인선이었던 것으로 보인다. 하지만 이후에 평양방어사령관을 지낸 김춘삼이 작전국장을 맡았다. 그러다가 2015년 10월에는 림광일로 바뀌었다. 경찰 역할을 하는 인민보안부의 수장도 김정일 정권 당시에는 주상성이 맡아왔는데, 2011년 3월에 리명수로 교체되었다. 2013년 2월에는 최부일로 바뀌었다. 최부일은 인민보안부장 임명 후 계급이 대장에서 상장으로 강등되었다가 다시 대장으로 복귀하기도 했다. 그리고 2016년 6월에는 인민보안부의 명칭을 인민보안성으로 바꾸었다.

군 수뇌부는 이렇게 잦은 인사를 통해 통제하고 있으면서 군단장 이하는 젊고 유능한 군사전문가를 발탁하는 방법으로 충성을 유도했다. 대표적인 인물이 제4군단장 리성국이다. 1969년생인 그는 만경대혁명학원 출신으로 부친 리경선이 김정일과 당중앙위원회에서 함께 일한 인연이 있었다. 제39사단장을 역임한 뒤 군단장으로 승진해 2012년 10월 당시 조선인민군에서 가장 젊은 군단장이었다(조선중앙TV, 2012년 10월 14일). 김정은은 이렇게 정권 유지에 중핵 역할을 하는 군부를 통제하고 장악하기 위해 잦은 인사와 전격 발탁 등의 방법으로 '신뢰 주기'보다는 '긴장 유발'의 전략을 활용했다고 할 수 있다.

# 일본 의원이

## 본

## 2014년

사카구치 나오토阪口直人는 일본 보수정당에서 활동하는 중의원이다. 2014년에는 '일본유신회' 소속이었다(일본유신회는 2016년 2월 민주당과 합당해 민진당이 되었다). 1963년생이니 소장파에 속하는 정치인이다. 국제협력에 관심이 많아 젊은 시절 캄보디아와 모잠비크 등에서 산악의 소수민족을 돕는 활동을 하기도 했다. 북한에도 남북정상회담이 열리기 한 달 전인 2000년 5월에 다녀온 적이 있다.

그는 2014년 7월 14년 만에 북한을 방문했다.[5] 유명한 레슬링 선수 출신의 참의원 안토니오 이노키アントニオ猪木가 이끄는 일본 의원 방문단의 일원으로 평양에 가게 되었다. 안토니오 이노키도 당시 일본유신회 소속이었다. 같은 당 소속의 중의원 마쓰나미 겐타松浪健太, 이시제키 다카시石関貴史, 참의원 시미즈 다카유키淸水貴之도 함께 갔다. '다함께당'의 참의원 야마다 다로山田太郎도 동행했다. 방문 목적은 스포츠 교류를 위한 것이었다. 8월 말 평양에서 국제친선프로레슬링 대회를 여는 문제를 협의하는 것이 일차적인 목적이었다. 북한의 고위 관계자를 만나서 북일 간의 교류 문제도 협의할 예정이었다.

사카구치 일행은 7월 10일부터 4일간 평양에 머물렀다. 당시 조선노동당 국제 담당 비서를 맡고 있던 강석주를 만났다. 김일성, 김정일, 김정은 3대에 걸쳐 북한 외교에서 핵심적인 역할을 해온 인물이다. 일본인들이 관심이 많은 일본인 납치자 문제, 북송 조선인의 일본인 배우자 귀국 문제, 핵·미사일 문제, 경제 교류 문제 등 다양한 문제에 대해 의견을 교환했다. 강석주는 미사일 문제에 대해 이야기를 많이 했는데, '미국과 남한의 군사연습에 대한 대항수단'이라고 강조했다. 한미합동군사훈련과 미국의 핵추진 항공모함까지 참여해 실시하는 한미일 합동훈련 등에 대한 대응 차원에서 하는 것이라고 말했다.

일본인 납치 문제에 대해서는 '지금 북일 회담을 진전시키고 있다'면서 해결 의지를 강하게 피력했다. 당장 문제가 해결되는 것은 아니었다. 하지만 이런 식으로 의원들이 나서서 자연스럽게 의견 교환을 하고 그런 기회에 필요한 대화를 하면 문제 해결의 가능성이 좀 높아지지 않을까 하는 생각을 사카구치는 해보기도 했다.

사카구치는 평양 시내를 관찰하면서 2000년 방북 당시와는 아주 다르다는 것을 느낄 수 있었다. 2000년에는 활기찬 모습이 없었다. 경제활동의 모습도 관찰하기 어려웠다. 청소를 하거나 행진을 하거나 아니면 매스게임을 연습하러 가는 정도였다. 사람들의 표정도 어두웠다. 밤이 되면 시내가 깜깜해졌다. 1990년대 대기근의 영향이 여전히 남아 있었기 때문이다.

하지만 2014년의 평양은 많이 달라져 있었다. 활력 있게 일상생활을 하는 모습이었다. 행인들은 밝았고 복장도 청결했다. 더운 날에는 양산을 쓴 여성도 많았다. 일본 사람이나 남한 사람에 비하면 좀 작았지만 살찐 사람은 없었다. 예전의 일본인이 이런 모습이었을 것이라고 사카구치는 생각했다. 평양거리는 중국의 지방도시 같기도 했지만 네온사인이 없었다. 쓰레기도 없었다. 고층아파트의 베란다에는 꽃들이 자라고 있었다. 김일성과 김정일을 찬양하는 슬로건은 여전히 도처에 있었다.

2000년 방북 당시에는 호텔 밖으로 나갈 수가 없었다. 하지만 2014년에는 이것도 달라졌다. 조깅을 나가도 말리는 사람이 없었다. 덕분에 사카구치는 평양에서 조깅을 할 수 있었다. 중간에 쉬면서 사람들과 대화도 할 수 있었다. 사진을 찍는 것도 자유로웠다. 지나가는 사람에게 찍어달라고 부탁도 해보았는데 기꺼이 찍어주었다. 이렇게 14년 사이 북한은 많은 것이 변화해 있었다.

2016년

제9장

×××

**김정은 시대 선포**

## '자강력 제일주의' 제창

북한은 2016년 신년사를 통해 '자강력 제일주의'를 처음 제시했다. 김정은은 신년사에서 "사회주의 강성국가 건설에서 자강력 제일주의를 높이 들고나가야 한다"고 강조하고, "강성국가 건설 대업과 인민의 아름다운 꿈과 이상을 반드시 우리의 힘, 우리의 기술, 우리의 자원으로 이룩하여야 한다"고 말했다. 2015년 신년사에서도 "공장, 기업소들이 수입병을 없애고 원료, 자재, 설비의 국산화를 실현하기 위한 투쟁을 벌이자"면서 문제의 자체 해결을 역설했는데, 2016년에는 이를 '자강력 제일주의'라는 정리된 용어로 제시했다.

우선 자강력 제일주의가 어떤 의미인지 알아보아야 할 것 같다. 신년사에서는 설명하지 않았지만, 『로동신문』이 개념 정의를 해주고 있다. "자강력은 자기 스스로 자기를 강하게 하는 힘"이며, "자강력이 있어야 다른 나라에 대한 의존심을 없애고 자기 힘으로 발전할 수 있다"고 설명한다.[1] 2016년 5월 제7차 당대회에서 김정은이 당중앙위원회 사업총화보고를 했는데, 여기서 자강력 제일주의에 대한 정의를 좀더 분명하게 내렸다. 자강력 제일주의가 "자체의 힘과 기술, 자원에 의거하여 주체적 역량을 강화하고 자기의 앞길을 개척해나가는 혁명정신"이라는 것이다.[2]

김정은은 사업총화보고에서 자강력 제일주의의 기반은 "자기 나라 혁명은 자체의 힘으로 해야 한다"는 사상이며, 구현 방식은 자력갱생과 간고분투라고 설명했다. 자력갱생은 "남의 힘에 의지하지 않고 자기의 힘으로 어려움을 타파하여 더 나은 환경을 만드는 것"을 말한다. 간고분투는 "고난과 시련을 이겨내면서 있는 힘을 다하여 싸운다"는 의미다. 정리하자면, 자강력 제일주의는 '남에게 의지하지 않고 자신의 힘으로 고난과 시련을 이겨나가는 것을 최고의 가치로 여기는 것'을 말한다.

1961년 12월 제시된 자력갱생과 크게 다르지 않다. 당시 북한의 상황은 경제적인 능력을 향상시키고 있었지만, 소련과 중국의 지원이 여의치 않았다. 김일성의 방소·방중 외교에도 이렇다 할 경제원조를 확보하지 못했다. 그래서 북한이 제창한 것이 자력갱생이었다. '스스로 해야 한다'는 것이다. 이 구호로 북한은 주민들을 동원하고, 일정 부분 경제적인 성장을 이룰 수 있었다. 자력갱생은 북한에서 반反개혁·개방을 의미하는 것이기도 했다. 스스로 해결하고 외국에 의존하지 않음을 강조하면서 대외 교류는 무시되었다.

김정은은 2016년 신년사를 통해 "남에게 의지하지 않고 자신의 힘으로 고난과 시련을 이겨나가는 것을 최고의 가치로 여기는 것"이라는 자강력 제일주의를 제창했다. 평양 김일성광장의 모습.

실제로 김정은은 2016년에 생산 현장을 시찰하면서 '자기식 투쟁 방식'과 '창조 방식' 등을 강조하면서 자강력 제일주의의 실천을 역설하는 모습을 보였다. 가방공장에서도, 양묘장에서도 자강력 제일주의를 강조했다. 이 원칙의 바탕 위에 북한 사회가 움직여야 한다는 것이다. 사회주의 건설 노선에 자강력 제일주의가 기본 노선으로 포함되게 되었다고 할 수 있다.

김정은 시대의 북한이 추구하는 바를 정리해보자면, 북한은 전통적인 목표인 '사회주의의 완성'을 최종 목표로 하면서, 이를 위해 '온 사회의 김일성·김정일주의화', 즉 주체사상과 선군사상의 실현을 추구하고 있으며, 지금의 단계에서는 '사회주의 강국' 건설을 당면 목표로하고 있다. 이를 성취하기 위해서는 '인민정권 강화', 즉 '사회주의 정권의 기능 강화와 인민들의 완전한 지지 확보'를 이루어야 하며, '사상·기술·문화의 3대 혁명'을 이루어야 한다고 강조한다. 이러한 사업들을 추진하기 위해서는 '자강력 제일주의'가 기본적으로 북한 사회의 바탕을 이루고 있어야 한다는 것이다.

## 제4차 핵실험과 미사일 발사

북한은 2016년 1월 6일 네 번째로 핵실험을 실시했다. 2006년 10월, 2009년 5월, 2013년 2월의 핵실험에 이어 다시 한 번 핵실험을 강행했다. 북한은 이날 정오 조선중앙TV를 통해 "조선노동당의 전략적 결심에 따라 주체 105년 1월 6일 10시 주체조선의 첫 수소탄 시험이 성공적으로 진행되었다.……역사에 남을 수소탄 시험이 가장 완벽하게 성공함으로써 조선민주주의인민공화국은 수소탄까지 보유한 핵보유국의 전열에 당당히 올라서게 되었으며 우리 인민은 최강의 핵 억제력을 갖춘 존엄 높은 민족의 기개를 떨치게 되었다"고 발표했다. 1,2차 플루토늄탄, 3차 우라늄탄에 이어 수소탄 실험까지 했다는 것이다.

이렇게 북한이 수소탄 실험을 했다고 밝힌 데 대해 남한의 군 당국은 제4차 핵실험의 위력이 6킬로톤 정도여서 수소탄 실험을 했다고 보기 어렵다고 말했다. 수소탄은 위력이 20~50메가톤 정도로 훨씬 크다는 것이다. 이에 따라 수소탄보다는 증폭핵분열탄 실험을 했을 가능성이 높다는 분석이 많았다. 수소탄의 전 단계인 증폭핵분열탄은 핵폭탄 내부에 이중수소와 삼중수소 혹은 리튬-6을 넣어서 핵분열을 촉진하는 방식의 핵무기다.

북한은 핵실험이 워낙 고비용인 데다가 한반도와 국제사회에 주는 충격이 크기 때문에 그때마다 특별한 목적을 갖고 핵실험을 해왔다. 2016년 1월의 핵실험은 어떤 의도를 가진 것이었을까? 첫째는 과학기술적 측면에서 핵무기의 고도화를 위한 것이다. 핵실험을 시작한 이상 핵무기를 고도화해야 그 자체의 가치가 높아진다고 생각했다. 북미 핵협상이 이루어지지 않는 상황에서 핵무기를 고도화하는 것이 나중에 협상이 이루어졌을 때 유리한 카드로 활용할 수 있다고 판단한 것으로 보인다.

둘째는 외교적 측면으로 미국을 자극해 협상의 장을 마련하려는 의도를 갖고 있었다. 2008년 12월 이후 8년째 6자회담이 열리지 않고 있었고, 미국은 전략적 인내strategic patience의 방침을 견지하고 있었다. 이런 상황을 충격 요법으로 타개하기 위한 목적을 갖고 있었다. 셋째는 내부정치 측면으로 5월 초 당대회 소집을 앞두고 김정은의 리더십을 강화하려는 목적을 가졌던 것으로 보인다. 36년 만에 열리는 당대회를 맞아 내부 결속을 강화하고 김정은의 지도력을 분명하게 확보하기 위한 의도를 가졌다고 볼 수 있다.

넷째는 경제 건설 매진의 메시지도 있었던 것으로 볼 수 있다. 북한은 2016년 신년사에서 경제강국 건설에 총력을 집중하겠다는 의지를 밝혔다. 수소탄 실험으로 핵무기를 고도화했다고 밝힌 것은 핵 우위로 안보를 확보했으니 이제부터 경제에 매진하겠다는 메시지가 될 수 있었다. 김정은의 인민에 대한 메시지이면서 관료들에게는 '경제 건설에 더 힘쓰라'는 메시지로 볼 수 있다.

북한은 제4차 핵실험 이후 미사일 시험 발사도 계속했다. 2월 7일에는 장거리 로켓 시험 발사를 실시했다. 4월부터는 중거리 미사일 무수단에 대한 시험 발사를 집중적으로 실시했다. 실패하면 다시 하는 식으로 6월까지 다섯 차례나 계속했다. 그러다 6월 22일에는 시험 발사에 성공했다. 높은 각도로 발사해서 1,400킬로미터 정도 상승한 뒤 전방 400킬로미터의 목표 수역에 떨어뜨렸다. 통상 각도로 쏘았다면 3,500킬로미터를 날아갈 수 있는 것이다. 미국의 괌에 닿을 수 있는 거리였다.

8월 24일에는 잠수함발사탄도미사일SLBM 시험 발사에도 성공했다. 500킬로미터를 비행하도록 하는 데 성공했는데, 연료를 채우면 2,500킬로미터까지 비행할 수 있는 것으로 평가되었다. 2015년 5월부터 본격 시험 발사를 실시한 잠수함발사탄도미사일의 성공은 특별한 의미가 있다. 상대국에 근접해 미사일을 발사할 수 있게 해서 타격의 정확도를 높여주기 때문이다. 북한은 이와 함께 사거리 500킬로미터 정도의 스커드미사일과 1,000킬로미터 정도의 노동미사일에 대한 시험 발사도 계속했다.

북한은 핵과 미사일 분야의 과학자들에게 많은 혜택을 부여하면서 무기의 고도화에 매진해왔다. 2015년 11월 평양의 대동강변에 미래과학자거리가 조성되었는데, 여기에 군수 분야 과학자들을 위한 53층짜리 고급 아파트도 함께 지어졌다. 이 아파트에는 해수풀장, 일광욕장,

사우나까지 갖춰져 있다. 그 밖에도 은하과학자거리와 위성과학자주택지구 등 과학자와 엔지니어 전용 아파트 단지가 평양의 여러 곳에 들어서 있다. 서구 언론들은 이런 곳들을 '평해튼'이라고 부른다. 평양과 뉴욕 맨해튼을 합쳐서 만든 용어다.[3] 그만큼 김정은 정권이 핵과 미사일의 고도화에 관심을 쏟고 있었다.

이렇게 북한이 미사일 시험 발사를 계속하는 것은 핵을 실제로 실어서 타격할 수 있는 능력을 보여주기 위해서다. 그것을 보여주려는 것은 첫 번째는 외부 세력의 공격에 대한 억지력을 확보하기 위한 것이다. 북한이 핵과 미사일을 모두 갖추고 있다면, 외부 세력은 북한에 대해 쉽게 공격할 수 없게 될 것이다. 북한은 일차적으로는 이를 원한다. 두 번째는 역시 미국이 북한을 위한 대화의 장을 마련해주도록 하기 위한 시도라고 할 수 있다. 김정은은 2016년 6월 무수단 미사일 시험 발사를 참관하면서 "태평양 작전지대 안의 미국놈들을 전면적이고 현실적으로 공격할 수 있는 확실한 능력을 가지게 되었다"고 말했는데, 이는 무수단 미사일의 핵심 표적이 괌 미군 기지임을 밝힌 것이다.[4]

이런 언명言明이 북한의 미사일과 핵 개발의 의도를 분명히 말해준다. 미국을 자극해 협상을 이루어보려는 의도를 갖고 있는 것이다. 이러한 의도를 가진 북한의 행위에 대해 한미일을 비롯한 주변국과 국제사회는 협상보다는 제재 일변도로 대응해왔다. 그러면서 한반도의 긴장은 오랫동안 지속되었다.

## 개성공단 폐쇄

2004년부터 남북 교류의 상징이 된 개성공단이 2016년 2월 10일 전면 중단되었다. 박근혜 정부가 북한의 제4차 핵실험과 그 직후 장거리 로켓 발사를 이유로 2월 10일 오전 긴급 국가안전보장회의 상임위원회를 열어 중단을 결정하고 오후에 발표하면서 개성공단이 전면적으로 중단되었다. "더이상 개성공단 자금이 북한의 핵과 미사일 개발에 이용되는 것을 막고 우리 기업들이 희생되지 않도록 하기 위해 개성공단을 전면 중단하기로 결정했다"는 것이 정부의 발표였다.

2월 11일 북한은 조국평화통일위원회 성명을 통해 개성공단 폐쇄를 발표했다. 이로써 개성공단은 가동 12년 만에 폐쇄되었다. 북한은 이와 함께 개성공단 지역을 군사통제구역으로 선포하고, 남측 인원 추방, 남측 자산에 대한 전면 동결, 군 통신·판문점 연락통로 폐쇄, 북한 근로자 개성공단 철수 등의 조치도 내렸다. 실제로 11일부터는 개성공단의 근로자들을 출근시키지 않아 공단 폐쇄는 분명해졌다. 당시 개성공단에는 124개 업체가 조업 중이었다. 여기에 딸린 협력업체는 5,000여 개나 되었다.

개성공단은 2013년에도 5개월간 중단된 적이 있었다. 남북은 중단 사태를 막기 위해 "남과 북은 통행 제한 및 근로자 철수 등에 의한 개성공단 중단 사태가 재발되지 않도록 하며, 어떠한 경우에도 정세의 영향을 받음이 없이 남측 인원의 안정적 통행, 북측 근로자의 정상 출근, 기업 재산의 보호 등 공단의 정상적 운영을 보장한다"고 합의했다. 하지

박근혜 정부는 북한의 제4차 핵실험과 장거리 로켓 발사를 이유로 2016년 2월 10일 국가안전보장회의의 상임위원회를 열어 개성공단 전면 중단을 발표했다.

만 남한이 정세의 영향을 받아 전면 중단을 선언함으로써 이 규정을 위반한 결과가 되었다. 이전의 핵실험과 장거리 로켓 발사에도 개성공단을 유지하면서 '개성공단은 대량살상무기 개발과 무관한 정상적 경제 협력 사업'이기 때문이라고 말했다. 하지만 2016년 2월 10일에는 개성공단 자금이 핵과 미사일에 이용되기 때문에 중단한다고 발표했다.

그래서 개성공단 폐쇄는 남한 내에서 많은 논란을 불러일으켰다. 보수 세력은 북한에 현금이 들어가는 것은 핵과 미사일 개발 방지를 위해서 중단해야 한다고 주장했다. 남한의 안보가 어려워지는 상황이기 때문에 남북 교류는 막아도 된다는 것이다. 하지만 진보 세력은 북한에 들어가는 현금이 근로자들의 몫으로 돌아간다고 주장했다.

그런데 개성공단 자금이 핵과 미사일 개발에 이용된다는 것은 분명한 근거가 없었다. 남한도 근거를 대지 못했다. 그리고 논리적으로도 설명하기 어렵다. 당시 북한 근로자들의 한 달 임금은 150달러 남짓이었다. 30퍼센트는 사회문화시책비로 북한 당국이 가져갔다. 무상교육·무상의료 등과 관련한 인력지원, 퇴직자 연금 지급, 산재 노동자 지원 등을 위한 비용이다. 70퍼센트는 대부분 현금이나 물품교환권으로 노동자들에게 지급되었다.[5] 이런 상황에서 남한이 핵과미사일 자금 전용을 문제 삼아 개성공단을 중단시킨 것이다.

박근혜 정부가 개성공단을 중단시킨 것은 핵과 미사일 자금으로 전용된다는 막연한 믿음에서 나온 조치였다. 아니면 북한에 돈을 주면서 돕는 것이 탐탁지 않아 사업을 중단시키고 싶었는데, 그 구실을 핵과 미사일 자금 전용에서 찾은 것일 수도 있다. 어쨌든 박근혜 정부의 남북교류에 대한 부정적인 인식은 개성공단 폐쇄의 주요 원인이 되었다.


## 해외식당 종업원 집단 탈북

북한은 중국, 베트남, 캄보디아 등에서 북한 식당을 운영해왔다. 많을 때는 12개 나라에 130여 개의 식당을 운영하고 있었다. 북한 종업원이 2,000여 명이 근무했고, 여기서 벌어들이는 돈이 1년에 120억 원 정도 되었다. 종업원들은 북한에서 특별히 선발된 인원들이다. 외국에서 다양한 정보를 접할 수 있기 때문에 출신 성분도 좋고, 충성심과 학력 등에서 탈북 가능성이 적은 사람들을 선발한다. 국가보위부 요원이 파견되어 현지에서도 감시와 교육을 철저히 한다.

그런데 2016년 4월 이들이 집단으로 탈북하는 사건이 발생했다. 특이한 일이었다. 중국 저장성浙江省 닝보寧波시의 북한 음식점 '류경식당'에서 근무하던 종업원 13명이 한꺼번에 이탈해 4월 7일 서울로 들어온 것이다. 남자 지배인 1명과 여자 종업원 12명이었다. 북한의 해외식당 종업원이 1~2명씩 탈북하는 사례는 있었지만, 집단으로 탈북한 것은 처음이었다.

이들이 탈북한 원인에 대해서는 남한 정부가 2가지 가능성을 제시했다. 하나는 '북한 체제에 대한 회의'였다. 이들이 해외에서 생활하면서 남한의 텔레비전, 드라마, 영화, 인터넷 등을 통해 남한의 실상을 알게 되어 북한 체제에 대한 회의감과 남한에 대한 동경이 생겨 탈북했을 가능성이다. 또 하나는 외화 송금 압박이었다. 대북 제재의 여파로 손님이 줄어 북한에 보내야 하는 외화가 부족했기 때문이다.

그런데 4월 13일 총선을 앞두고 있는 상황에서 이들이 입국하자마자 남한 정부가 발표해 선거용이라는 비판을 받았다. 7일 입국하고 8일 발표했는데, 탈북자가 들어오더라도 바로 발표하는 경우는 드물고, 그렇게 급하게 발표하는 경우는 거의 없어서 의구심을 샀다. 게다가 남한 정부는 "집단 탈북은 한국 정부의 독자 제재에 따라 한국인 손님이 끊기면서 일어난 일"임을 언론에 따로 설명하며 강조했다. 이로 미루어 박근혜 정부가 집단 탈북 발표로 대북 정책 효과성을 널리 홍보해 총선에 영향을 미치려 했던 것으로 보인다.

북한은 '납치'이고 '기획 탈북'이라며 강하게 반발했다. 1~2명이 아니고 13명이 집단으로 탈북했기 때문에, 게다가 그들이 탈북 동기가 약한 계층의 사람들이었기 때문에 북한의 반발은 거셌다. 조선적십자회 대변인 담화를 통해 "남조선 정보기관에 의한 유괴·납치 행위"라고 비난했다. 북한은 유엔인권이사회에서도 납치된 것이라며 '새로운 인권침해'라고 주장했다. 종업원의 가족들까지 나서서 '딸들을 돌려달라'고 호소했다. 이들은 제7차 당대회 취재를 위해 평양에 들어간 CNN과의 인터뷰를 통해 '탈북이 아니라 납치'라면서 '직접 만나서 확인하고 싶다'고 말했다. 집단 탈북도 특이하고, 북한의 거센 반발도 특이한 경우였다.

하나 더 특이한 것은 13명 탈북자에 대해 인신보호구제가 청구되어 재판까지 진행되었다는 것이다. 이들이 자진 입국했는지, 강제로 시설에 수용되어 있는 것은 아닌지 가려 달라는 재판이었다. 물론 탈북자에 대한 인신보호구제 청구는 처음이었다. 탈북자 가족들이 남북한과 중국 등을 다니며 활동하는 통일운동가를 통해 청구했다. 이들의 위임을 받아 실제로는 '민주사회를 위한 변호사 모임'이 대리로 재판을 신청했다. 하지만 이들이 법정에 나오지 않아 재판이 제대로 진행되지 않았고, 9월 초 재판부가 청구를 위임한 북한의 가족들이 실제 가족인지 확인하기 어렵다면서 청구를 각하해 '기획 탈북' 여부를 법원에서 가리지는 못했다.

이들은 3개월의 적응 교육을 받고 8월 중순 남한 사회로 나왔다. 북한 중산층의 집단 탈북, 북한의 격한 반발, 기획 탈북 여부를 가리기 위한 재판 청구 등의 특이성을 지녀 이 사건은 남북 관계사의 한 페이지를 장식하게 되었다.


## 36년 만의 당대회

조선노동당의 전당대회인 당대회는 1980년 10월 제6차 당대회가 열린 이후로 36년 동안 열리지 않았다. 이 자리에서 김일성의 후계자 김정일이 처음으로 공개석상에 등장해 그의 후계가 공식화되었다. 김정일 시대에는 당대회가 한 번도 열리지 않았다. 김일성은 제6차 당대회 이후 제7차 당대회는 먹는 문제가 해결되면 열겠다고 말했다. 김정일도 이 유훈을 기억하고 있었다. 먹는 문제는 해결되지 않았고 당대회는 그래서 열리지 못했다. 그러다가 2016년 5월 제7차 당대회가 열렸다.

5월 6일부터 9일까지 4일간 진행되었다. 북한 전역에서 3,600여 명의 대표가 참석했다. 이 대회를 통해 조선노동당의 최고 직책으로 '당위원장' 직이 신설되어 김정은이 그 자리에 올랐다. 당 제1비서라는 직책 대신 '당위원장'을 새로 마련한 것은 김일성 시대를 연상시키기 위한 것이다. 1966년 10월 제2차 당대회까지 김일성은 '당중앙위원회 위원장'이었다. 통상 당위원장이라고 불렸다. 그러던 것이 제2차 당대회에서 '당 총비서'로 바뀌었다. 김정은이 당위원장에 오른 것은 1966년 이전의 김일성 시대에 대한 기억을 북한 주민들에게 떠올리게 해서 자신에 대한 지지를 높이기 위한 조치로 볼 수 있다. 이에 따라 당중앙위원회 비서는 당중앙위원회 부위원장으로 직제가 바뀌었다. 당중앙위원회 비서국도 정무국으로 변경되었다.

북한 권부의 최고 지도부인 당 정치국 상무위원회에는 기존의 김정은, 김영남, 황병서에 박봉주와 최룡해가 추가되었다. 최룡해는 2015년 2월에 상무위원회에서 빠졌다가 다시 들어갔고, 내각 총리 박봉주가 새롭게 추가되었다. 제7차 당대회에서 '국가경제발전 5개년 전략도 발표되었는데, 인민경제 전반을 활성화하고 경제 부문 간 균형을 보장하여 나라의 경제를 지속적으로 발전시킬 수 있는 토대를 마련하려는 전략이었다. 5개년 전략을 제시하고 박봉주가 당 정치국 상무위원에 오름으로써 이 전략의 책임자로 박봉주가 지명된 셈이다.

박봉주는 당중앙군사위원에도 올랐는데, 이는 경제 건설에 대한 군부의 협조를 원활하게 확보하기 위한 조치였다. 거대 조직인 북한군은 경제 건설에 주요 역할을 해왔는데, 이를 효율적으로 끌어낼 수 있도록 한 것이다. 박봉주와 함께 대표적인 경제 테크노크라트인 부총리 로두철도 당 정치국 위원이 되어 경제 관료에게 상당한 힘이 실리는 모양새였다.

외교 분야에서는 외무상이던 리수용이 당중앙위원회 국제 담당 부위원장이 되어 외교 사령탑이 되었다. 그는 정치국 위원에도 진출했다. 외무상에는 리용호가 임명되었고, 그는 정치국 후보위원에도 올랐다. 경제와 외교 분야 관료들이 당에서 입지를 훨씬 강화하게 된 것은 인민 생활 향상과 대미 관계와 대중 관계에서 활로찾기에 관심을 집중하기 위한 포석으로 볼 수 있었다. 실제로 김정은 정권의 미래는 경제 건설

김정은은 제7차 당대회에서 당의 지도 이념으로 김일성 · 김정일주의, 국가 전략으로 핵 · 경제 병진 노선을 재확인했다. 평양 김일성광장에 있는 김일성 · 김정일 동상.

과 핵과 미사일 문제로 얽혀 있는 대외 관계를 어떻게 풀어가느냐에 달려 있다고 할 수 있는데, 이러한 부분에 대한 고려 속에서 나온 인사라고 할 수 있다.

김정은은 제7차 당대회에서 당중앙위원회 사업총화보고를 통해 당의 지도 이념으로 김일성 · 김정일주의, 국가 전략으로는 핵 · 경제 병진 노선을 재확인했다. 자위적 수단으로 핵 보유를 강조하면서도 세계의 비핵화를 주장하고, 평화협정 체결, 주한미군 철수, 연방제 통일도 역설했다. 기존의 주장들을 재차 강조한 것이다.

6월 29일에는 제13기 최고인민회의 제4차 회의가 열렸는데, 여기서 헌법 개정을 통해 국방위원회를 폐지하고 국가기구로 국무위원회를 신설했다. 선군정치와 비정상국가 이미지를 줄 수 있는 국방위원회를 폐지해 정상국가로서 이미지를 부각하기 위한 조치였다. 중국의 국무원과 비슷한 명칭을 부여함으로써 정상적인 국가 업무·행정 사무의 집행을 강조하려는 의도가 있었다. 국무위원회는 '국가주권의 최고 정책적 지도기관'으로 규정되어 종전의 국방위원회보다 포괄적인 권한을 갖게 되었다. 개정 전 헌법에서 국방위원회는 '국가주권의 최고 국방지도기관'으로 규정되어 있었다.

신설된 국무위원회 위원장에 김정은이 추대되었다. 부위원장에는 황병서, 최룡해, 박봉주가 선출되었다. 당 정치국 상무위원 가운데 김영남을 제외한 4명이 위원장과 부위원장을 맡은 것이다. 김기남, 리만건, 김영철, 리수용, 리용호, 박영식, 김원홍, 최부일은 국무위원을 맡았다.

이렇게 해서 김정은은 과도기적 성격의 제1비서, 제1위원장 직책에서 완성 체제의 성격을 지닌 당위원장, 국무위원장에 취임함으로써 그의 절대권력을 공고화했다. 이는 김정은 유일체계의 완성이고, 김정은 시대의 시작을 선포하는 것이기도 했다.

## 사드 배치와 북한의 반발

2016년 1월 북한이 제4차 핵실험을 하고 장거리 로켓을 시험 발사하자, 남한과 미국은 사드THAAD(고고도미사일방어체계)를 한반도에 배치하는 문제를 논의하기 시작했다. 3월에는 한미 공동실무단이 본격 활동에 들어가면서 사드 배치 여부와 함께 후보 지역을 검토했다. 몇 개월의 검토 끝에 7월 8일에 배치하기로 결정했다. 사드 1개 포대를 주한미군에 배치하고, 주한미군사령관의 작전통제를 받으면서 한미연합작전에 운용하기로 했다. 남한과 미국은 배치 결정을 발표하면서 "북한의핵과 대량살상무기WMD, 탄도미사일 위협으로부터 대한민국과 우리 국민의 안전을 보장하고 한미동맹의 군사력을 보호하기 위한 방어적 조치로 결정하게 되었다"고 이유를 설명했다.

북한의 위협 때문에 배치한다는 것이다. 북한은 이에 대해 '불벼락' 등의 격한 용어를 동원해 비난했다. 북한은 7월 11일에 발표한 '조선인민군 총참모부 포병국 중대 경고'를 통해 사드 배치를 "아시아태평양지역에서 군사적 패권을 거머쥐는 것으로 세계 제패를 꿈꾸는 미국의흉악한 야망과 상전을 등에 업고 북침을 이루어 보려는 괴뢰들의 극악한 동족 대결 책동의 직접적 산물"이라고 규정했다. "남조선 괴뢰들은미국 상전의 사드 체계를 끌어들이는 것으로 하여 우리의 무자비한 불벼락을 스스로 자초하는 자멸의 비참한 말로를 더욱 앞당기게 될 것"이라고도 말했다. 군사적 공격을 경고하기도 했다. "세계 제패를 위한 미국의 침략 수단인 사드 체계가 남조선에 틀고 앉을 위치와 장소가 확정되는 그 시각부터 그를 철저히 제압하기 위한 우리의 물리적 대응 조치가 실행될 것"이라고 밝혔다.

남한에서도 중국과의 관계 악화를 우려하는 사람들은 사드 배치에반대했다. 사드의 핵심은 사드의 눈이라고 하는 X-밴드 레이더AN/

남한은 북한의 핵과 대량살상무기, 탄도미사일의 위협에서 대한민국과 국민의 안전을 보장하기 위한 방어적 조치로 사드 배치를 결정했다고 말했다.

TPY-2다. 탐지 가능 거리가 1,800킬로미터에 이른다. 중국은 사드가 한반도에 배치되면 미국이 중국을 탐지하는 것이라며 반발해왔다. 서울에서 베이징까지의 거리는 1,000킬로미터니 그럴 만도 하다. 그래서 남한과 미국은 탐지 거리가 1,000킬로미터 미만, 유효 탐지 거리가 600킬로미터인 레이더를 장착하겠다고 발표했다. 북한만 탐지하겠다는 것이다. 하지만 중국은 이를 믿지 않는다. 탐지 거리를 늘리는 것은 그렇게 어렵지 않다는 이야기다. 그래서 한중 관계를 걱정하는 사람들이 사드 배치를 반대한 것이다.

북한이 사드 배치에 대해 격하게 반발했지만, 실은 북한의 고도의 전략이 사드 배치를 가져왔다는 분석이 나오기도 했다. 6월 22일 북한이 중거리 미사일 무수단 시험 발사에 성공했다. 원래는 3,500킬로미터를 날아갈 수 있는 미사일을 고각발사를 통해 400킬로미터 정도 날아가게 했다. 북한이 중거리 미사일을 높이 쏘아 남한을 공격할 수도 있음을 보여주었다. 사드는 공중 40~150킬로미터 미사일을 요격하는 시스템이다. 남한으로 낮게 날아오는 북한의 단거리 미사일에 대해서는 효용성이 떨어진다는 지적이 많았다.

그런데 북한이 중거리 미사일을 높이 쏘아 높은 데서 떨어지는 미사일 공격도 있을 수 있음을 보여주었다. 그리고 나서 보름 정도 후에 남한과 미국이 사드 배치를 결정했다. "북한이 높은 데서 떨어지는 미사일로 공격을 할 수 있으니 고고도 요격미사일 체계 사드를 배치한다"는 이야기였다. 이를 두고 일각에서 북한이 무수단 시험 발사로 남한과 미국이 사드를 배치하게 했다는 분석을 내놓았다.[6] 이들은 북한이 무수단 미사일 발사로 사드를 배치하게 하고 한중 간의 갈등을 유발했다고 분석했다. 중국이 싫어하는 것을 남한이 하도록 함으로써 한중 간의 간극을 넓혀 놓으려는 전략이었다는 것이다. 하지만 이는 무리가 있는 분석이다.

첫째, 북한이 고각발사를 한 것은 3,500킬로미터를 날아가게 하면 주변국과 분쟁이 발행할 수 있기 때문이다. 높은 각도로 발사해 이동거리를 짧게 하면 문제의 소지는 적어진다. 중·장거리 미사일 실험에서 흔히 볼 수 있는 것이기도 하다. 그리고 북한은 무수단 미사일 시험 발사를 미사일 성능 자체의 개선을 위해 지속적으로 해왔다. 이를 사드 배치와 연결시키기는 어렵다. 둘째, 사드 배치는 단순히 무기 하나를 배치하는 게 아니라 미국의 미사일 방어체계MD에 남한을 참여시키는 성격을 갖고 있고, 한미의 군사 협력도 더 강화한다는 의미를 갖고 있다.

사드 배치를 북한이 전략적으로 유도했다는 것은 설득력이 없는 주장이다.

어쨌든 남한과 미국은 북한의 핵과 미사일에 대한 대응 체계로 사드 배치를 결정했고, 북한과 중국은 이에 반발하는 양상이 되었다. 사드는 미국과 중국의 경쟁이라는 지구적 양상이 한반도에서 구현되고, 이것이 남북한의 갈등 심화로 연결되는 모습을 분명하게 보여주는 것이기도 했다.

## 태영호 공사 망명

2016년 6월 어느 날, 영국 런던 북서부 왓퍼드Watford에 있는 한 골프장에서 동양인과 영국인이 함께 라운딩을 하고 있었다. 동양인은 불안한 모습으로 가끔씩 영국인에게 뭔가를 설명했다. 동양인은 영국 주재 북한 대사관의 태영호 공사, 영국인은 영국 정보기관 MI6의 요원이었다. 태영호는 북한으로 돌아가야 하는데, 가지 않고 망명하겠다는 의사를 피력했다. 2주 후 영국은 미국에 알렸다. 7월 초 미국에서 관련 요원들이 런던으로 건너갔다. 영국과 미국이 협의해 태영호의 망명을 돕기로 했다. 가고 싶은 곳을 선택하도록 했다. 태영호는 남한을 택했다.

7월 중순 어느 날, 태영호와 부인 오혜선과 두 아들은 영국과 미국의 정보기관 요원들과 함께 옥스퍼드셔Oxfordshire의 브라이즈 노턴 공군기지로 향했다. 영국 공군기를 타고 독일 람슈타인Ramstein에 있는 미군

영국 주재 북한 대사관의 2인자 태영호는 남한으로 망명했는데, 북한 외교관으로서는 1997년 8월 망명한 이집트 대사 장승길 다음으로 직위가 높다.

기지로 향했다. 태영호 가족은 독일에서 한국행 비행기에 올랐다.[7]

영국 주재 북한 대사관의 2인자 태영호는 그렇게 남한으로 망명했다. 북한 외교관으로서는 1997년 8월 망명한 이집트 대사 장승길 다음으로 직위가 높은 망명객이 되었다. 태영호는 고등중학교 재학 중 중국에서 유학하고, 평양국제관계대학교를 졸업하고, 외무성 8국에서 일을 시작했다. 김정일의 덴마크어 통역 후보로 뽑혀 덴마크에서 유학해 1993년부터는 덴마크 대사관 서기관으로 근무했다. 1990년대 말 덴마크 주재 대사관이 철수해 스웨덴 주재 대사관으로 이동했다. 이후 귀국해 유럽연합 담당 과장이 되었다. 2001년 6월 벨기에에서 열린 북한-유럽연합 인권대화 당시 북한 대표단장을 맡았다.

태영호가 망명한 것은 자녀 문제 때문인 것으로 전해졌다. 8월 17일 태영호 공사의 망명을 공식 발표한 통일부가 그의 망명 이유에 대해 김정은 체제에 대한 염증, 대한민국 사회와 자유민주주의 체제에 대한 동경, 자녀 교육과 장래 문제 등을 거론했다. 그런데 그 가운데에서도 자녀 문제가 주요 사유였던 것으로 알려졌다. 북한이 해외 주재 외교관의 25세 이상 자녀에 대해 귀국령을 내렸고, 27세의 장남이 귀국해야 하는 상황이었다. 게다가 둘째 아들이 영국의 명문 임페리얼칼리지Imperial College에 2017년에 입학해 수학과 컴퓨터공학을 전공할 계획이었다고 한다. 북한으로 들어가면 이런 교육이 단절되기 때문에 고민하던 끝에 망명을 결심했다는 것이다.[8]

그런 점에서 태영호의 망명은 장승길의 망명과 유사하다. 장승길도 당시 차남이 먼저 캐나다로 망명하고, 그를 두고 북한으로 들어갈 수 없어 망명한 것으로 전해졌다. 둘 다 아들 문제로 망명한 것이다. 과거에는 체제에 대한 불만과 경제난 등이 탈북의 주된 원인이었지만, 최근에는 생활 여건이나 삶의 질을 향상시키기 위한 탈북도 많아졌다. 언론에서 '이민형 탈북'이라고 부르는 것이다. 이는 남한에서 공부하기 위해 탈북하는 '유학형 탈북'과 함께 새로운 유형의 탈북이다. 특히 외부 세계에 대한 정보를 많이 접할 수 있고, 남북한을 비교할 수 있는 위치에 있는 사람들이 주로 이민형 탈북을 감행한다. 외교관이나 무역 분야에서 일하는 사람들이 주로 결행한다. 태영호의 망명도 그런 부류에 속한다고 할 수 있다.

## 제5차 핵실험

2016년 9월 9일은 김일성이 북한 정권을 수립한 지 68년이 되는 날
이었다. 북한은 이날을 기념해 오전 9시 30분(북한시각 9시) 핵실험을
감행했다. 다섯 번째였다. 장소는 이전과 같이 함경북도 길주군 풍계리
였다. 5.0 규모의 인공지진파가 감지되어 폭발의 위력은 10킬로톤 정
도로 추정되었다. 북한의 핵실험 중 가장 위력이 큰 것이었다. 1945년
8월 일본 히로시마廣島에 떨어진 핵폭탄의 위력 12.2킬로톤과 비슷한
정도였다.

북한 핵무기연구소는 핵실험 4시간 후 조선중앙TV를 통해 성명을
내고 "핵탄두의 위력 판정을 위한 핵폭발 시험"이었다면서 성공적이었
다고 밝혔다. 또 "전략탄도 로켓들에 장착할 수 있게 표준화·규격화
된 핵탄두의 구조와 동작 특성, 성능과 위력을 최종적으로 검토 확인했
다"면서 "소형화, 경량화, 다종화된 보다 타격력이 높은 각종 핵탄두들
을 마음먹은 대로 필요한 만큼 생산할 수 있게 되었다"고 주장했다.

북한은 다섯 차례에 걸친 핵실험을 통해 핵무기 고도화 작업을 진행
해왔기 때문에 북한이 주장하는 소형화·경량화·다종화는 상당한 수
준으로 진행되었다고 평가해야 할 것이다. 특히 제5차 핵실험이 미사
일에 싣기 위한 실험이었다고 밝힌 만큼 소형화와 경량화는 완성 단계
라고 보는 것이 옳을 것이다. 게다가 북한은 스커드미사일, 노동미사
일, 무수단 미사일, 잠수함발사탄도미사일 시험 발사를 지속적으로
해왔기 때문에 핵무기 체계가 사실상 완성 단계라고 볼 수 있다.

남한은 긴급 국가안전보장회의를 열고, '강력히 규탄한다'는 성명을 발표했다. 또한 유사시 김정은을 포함한 지휘부를 직접 겨냥해 응징하는 북한 핵·미사일 억제를 위한 '3축 타격 체계'를 공개하기도 했다. 북한 미사일 발사 시 초반부터 단계적으로 대응한다는 킬체인kill chain, 한국형 미사일을 개발해 북한의 핵·미사일에 대응한다는 한국형 미사일방어체계KAMD에다가 대량응징보복Korea Massive Punishment & Retaliation 전략을 합한 것이다. 대량응징보복은 다량의 미사일로 동시에 공격하고 정예화된 전담 특수작전 부대 등을 활용하는 체계였다.

제5차 핵실험은 제4차 핵실험 이후 중국과 미국 등 국제사회의 지속적인 경고와 경제제재에도 다시 진행된 것이다. 김정은 정권의 핵 능력 고도화에 대한 분명한 의지를 보여주는 것이다. 특히 북한의 핵은 주로 미국과의 관계를 겨냥한 것인 만큼, 2017년 미국의 새로운 행정부가 들어서기 전 완전한 핵무기 체계를 갖추려는 의도를 표현하는 것이다. 오바마 행정부가 임기 말이어서 핵 협상에 나설 수 없을 것으로 판단하고 다음 정부가 출범하기 전 핵무기를 고도화해서 다양한 투발投發 수단에 탑재할 수 있도록 해놓고, 이후 협상에 나서려는 의도에 따라 제5차 핵실험을 했던 것으로 보인다.

남한과 국제사회가 제재 일변도로 움직이는 것에 대응해 제재에는 더 강력한 도발이 있음을 보여주려는 것이기도 했다. 이는 미국을 비롯한 국제사회에 북한 핵에 대한 대응책의 변화, 즉 제재가 아닌 대화로 변화를 촉구하는 메시지이기도 했다. 사드 배치로 남한과 중국이 갈등을 겪고 있는 상황에서 중국이 쉽게 유엔 안보리 제재 강화에 동참하지 않을 것이라는 북한의 계산도 깔렸다. 그런 상황에서 핵실험은 일사불란한 추가 제재를 만들어내기 어려울 것이고, 이는 북한에 대한 국제 제재의 전열을 흐트러뜨리는 효과를 발휘할 수 있었다. 북한은 그런 것도 상정하고 핵실험을 강행했다.

대내적으로는 '위대한 지도자 김정은'의 이미지를 분명하게 해서 경제적·외교적 난관의 가운데에서도 북한 사회가 결속하면서 김정은 정권에 충성을 다하도록 하려는 목적도 갖고 있었던 것으로 보인다. 어쨌든 제5차 핵실험은 북한 핵 문제가 제재와 압박만으로는 해결되기 어려운 것임을 다시 한 번 분명하게 보여주는 사건이었다.

# 100세
# 할머니의
# 2016년

평양시 중구역 경상동 1인민반에 사는 심학실 할머니는 2016년 6월에 100세 생일을 맞았다. 그의 자세한 하루 일과가 북한 월간지 『금수강산』 2016년 9월 호에 실렸다.[9] 그는 맏며느리 장명실과 함께 산다. 며느리도 벌써 77세가 되었다. 그 아래 손자, 손자며느리, 증손자, 증손녀도 같이 산다. 월간지 기자가 집을 방문해 큰소리로 인사를 했다. 심 할머니가 귀가 어두울 것 같아서였다. "찾아주어 고맙소. 보다시피 난 이렇게 정정하니 그렇게 큰소리로 말하지 않아도 되오."

'잘 들리니 그냥 작게 말해'라는 이야기였다. 100세 노인인데, 청력에 문제가 없었다. 할머니의 하루 일과는 새벽 5시 30분에 시작된다. 잠자리에서 일어나 스스로 이불을 개고 세수를 한 다음 첫 번째 일은 베란다에 있는 화분에 물을 주는 것이다. 그러고는 손자며느리 리은영을 돕는다. 그녀도 49세이니 나이가 적은 것이 아니다. 손자며느리는 아침식사를 준비한다. 심 할머니는 그 옆에서 채소를 다듬기도 하고 자질구레한 일들을 해준다. 식사가 준비되면 식구들을 부르는 것도 심 할머니다.

할머니의 특징 중 하나는 먹는 양이 항상 일정하다는 것이다. 많지도 적지도 않게 늘 비슷한 양을 먹는다. 밥 한 공기, 된장국 한 그릇, 짭짤하게 조린 물고기, 채소 볶음, 김치가 전부다. 소박하고 기름기 없는 식사다. 할머니는 이것을 먹고 늘 만족해한다. 마음을 편하게 먹고 있는 것이다.

아침식사 후에는 며느리와 산책을 한다. 보통은 평양 대동강변을 걷는다. 며느리와 이런저런 이야기를 하면서 천천히 걷는다. 체육공원이 나오면 거기서 간단한 기구로 운동도 한다. 점심식사 후에는 청소 같은 집안일을 돕는다. 그러고는 1시간 정도 낮잠을 잔다. 오후에는 왕진의사의 진료를 받는다. 진료소의 담당의사가 매일 왕진 가방을 메고 방문한다. 일주일에 한 번은 종합검사를 받는다. 평양이라 의료 상황이 괜찮은 데다 100세 노인이어서 특별진료 대상이기 때문이다. 일주일에 한 번은 목욕탕에 간다. 한증을 꼭 한다.

할머니는 원래 신의주에서 태어났다. 7세에 남의 집 아이보개를 하며 고생을 했다. 14세부터는 신의주펄프공장에서 일했다. 거기서 55세까지 일하고 정년퇴직을 했다. 이후 평양으로 이사를 왔다. 저녁시간이 되면 할머니는 맏손자 김정철을 기다린다. 김정철은 초급·고급중학교 교사를 양성하는 김형직사범대학에서 강좌장(학과장)을 맡고 있다. 할머니는 그를 기다렸다가 같이 저녁을 먹고 텔레비전을 시청한다.

심 할머니의 장수 비결은 특별한 데 있는 것이 아니라 규칙적인 삶에 있다. 잠 자는 시간, 일어나는 시간, 산책하는 시간 등이 항상 일정하다. 먹는 양도 일정하다. 그리고 부지런하다. 그것이 심 할머니를 100세 이상 살게 해주고 있다. 외부에서 보는 북한은 핵실험과 미사일 발사를 멈추지 않으면서 국제사회와의 싸움에 몰두하는 어수선한 국가일 수 있지만, 내부에서는 주민들이 나름의 공간과 생활문화 속에서 나름의 생활을 영위하고 있음도 심 할머니의 정리된 삶을 통해 확인할 수 있다.

### 제1장 남북정상회담

1　안용현, 「(과거 방중 땐 어떤 일이) 2001년 '中 천지개벽', 2006년 '6자회담 참여'」, 『조선일보』, 2010년
　　5월 4일.
2　『人民日報』, 1999년 6월 5일; 이종석, 『북한—중국 관계: 1945~2000』(중심, 2000), 277쪽 재인용.
3　최장집, 「남북정상회담 1주년 특별기고: 미국의 한반도 정책, 우리 손에 달려 있다」, 『신동아』, 2001년 6월호.
4　임동원, 『피스메이커』(중앙북스, 2008), 40쪽.
5　임동원, 앞의 책, 89쪽.
6　임동원, 앞의 책, 115~116쪽.
7　장용훈, 「비전향 장기수 북송」, 『연합뉴스』, 2000년 9월 2일.
8　Madeleine Albright, 『Madam Secretary』(Miramax Books, 2003), p.469.
9　Madeleine Albright, 앞의 책, p.467.
10　Madeleine Albright, 앞의 책, p.469.
11　박영환, 「북—독 대사급 수교, 4개항 합의」, 『한겨레』, 2001년 3월 3일.
12　김학성, 「북한·독일 수교의 배경과 EU 국가들의 한반도 정책 전망」, 『통일정세분석』(통일연구원, 2001년
　　4월), 8쪽.
13　후지모토 겐지, 한유희 옮김, 『북한의 후계자 왜 김정은인가?』(맥스미디어, 2010), 121쪽.
14　이 내용은 임동원, 앞의 책, 48~74쪽을 참조했다.

## 제2장 제2차 북핵 위기

1 『조선신보』, 2002년 7월 31일; 신지호, 「7·1 조치 이후의 북한경제」, 『KDI 북한경제리뷰』, 2003년 7월, 14쪽 재인용.

2 장용훈, 「北, '시장기능' 공식 인정…공산품 유통 가능」, 『연합뉴스』, 2004년 4월 2일.

3 「더 높이 더 빨리 경제부흥의 현장에서 11: 경제학자가 말하는 부흥의 열쇠」, 『조선신보』, 2002년 12월 25일.

4 김지영, 「2002년 '실리사회주의' 현장 리포트: "자본주의와 공존 가능한 사회주의 경제 모색 중"」, 『민족21』, 2003년 1월호, 60~68쪽.

5 후나바시 요이치, 오영환 외 옮김, 『김정일 최후의 도박』(중앙일보시사미디어, 2007), 43쪽.

6 후나바시 요이치, 오영환 외 옮김, 앞의 책, 17~18쪽.

7 임동원, 『피스메이커』(중앙북스, 2008), 665쪽.

8 안문석, 『북한이 필요한 미국 미국이 필요한 한국』(박영률출판사, 2006), 11쪽.

9 이수혁, 『전환적 사건: 북핵 문제 정밀 분석』(중앙북스, 2008), 101쪽.

10 이 내용은 「인민들이 좋아하는 노래 불러서 사랑받는 게 제일 큰 꿈: 북녘 테너 김진국 교수와의 만남」, 『민족21』, 2003년 6월호를 참조했다.

## 제3장 합의와 금융 제재

1 이교덕·신상진, 「김정일 국방위원장 중국 방문 결과 분석」, 『통일정세분석』(통일연구원, 2004년 4월), 9쪽.

2 후나바시 요이치, 오영환 외 옮김, 『김정일 최후의 도박』(중앙일보시사미디어, 2007), 89쪽.

3 양성원, 「대량 탈북자 남한 입국 배경」, 『자유아시아방송』, 2004년 7월 28일.

4 권영경, 「경제관리개선조치 이후 북한의 경제관리운용 실태에 관한 연구」, 『북한연구학회보』, 제13권 제2호(북한연구학회, 2009), 45쪽.

5 류경원, 「장사꾼들 남조선 상품을 이용하여 적에 대한 환상 유포」, 『림진강』, 2009년 4월 1일.

6 황호택, 「평양 공연한 국민가수 조용필」, 『신동아』, 2005년 10월호.

7 정성엽, 「조용필 평양공연 암표까지 거래돼」, 『SBS』, 2005년 8월 31일.

8 후나바시 요이치, 오영환 외 옮김, 앞의 책, 563쪽.

9 이 내용은 김대영, 「해리슨 연구원과 北 고위관리들과의 대화」, 『연합뉴스』, 2005년 4월 16일을 참조했다.

## 제4장 핵실험과 남북정상회담

1 김수정, 「김정일 "中 경제특구 큰 감동"」, 『서울신문』, 2006년 1월 19일.

2 김연철 외, 『북한, 이디로 가는가?: 14인의 전문가가 본 북한 체제의 변화 전망』(플래닛미디어, 2009), 404쪽.

3 유희연·허민, 「김정일 방중 8박 9일: 북-중 정상회담 무슨 얘기 오갔나」, 『문화일보』, 2006년 1월 19일.

4 안드레이 란코프, 『북한 워크아웃』(시대정신, 2009), 92쪽.

5 「北 외무성, 북핵 시료 채취 거부」, 『연합뉴스』, 2008년 11월 12일.

6 노무현, 『성공과 좌절: 노무현 대통령 못다쓴 회고록』(학고재, 2009), 202~204쪽.

7 이 내용은 김정안, 「스칼라피노 교수 '북 정책 조율도 안 된 채 미사일 발사한 듯'」, 『동아일보』, 2006년

7월 16일; 로버트 스칼라피노, 최규선 옮김, 『스칼라피노 교수의 新동방견문록』(중앙북스, 2010), 239~240쪽을 참조했다.

## 제5장 김정은의 등장

이성훈, 「3년 전 김정일 뇌졸중 치료한 佛 의사 '김정남이 먼저 찾아왔었다'」, 『조선일보』, 2011년 12월 21일.
2 정성장, 「4년간 몰래 만든 王 김정은은 누구인가?」, 『월간중앙』, 2010년 11월호.
3 후지모토 겐지, 한유희 옮김, 『북한의 후계자 왜 김정은인가?』(맥스미디어, 2010), 122~127쪽.
4 후지모토 겐지, 한유희 옮김, 앞의 책, 130~131쪽.
5 이성훈, 앞의 기사.
6 김정은의 권력 승계 3단계와 관련된 부분은 안문석, 「Kim Jong-il's Death and His Son's Strategy for Seizing Power in North Korea」, 『Problems of Post-Communism』, 59권 4호(2012년 7~8월호), 27~37쪽을 수정·보완했다.
7 이홍기, 「北, 김정일 3남 후계자 지명 중국에 알려」, 『연합뉴스』, 2009년 6월 3일.
8 Max Weber, 『The Theory of Social and Economic Organization』(Oxford University Press, 1947), p.328.
9 이동률, 「원자바오 총리의 북한 방문과 북중 관계」, 『정세와정책』, 통권 163호(2009년 11월), 15쪽.
10 송홍근, 「'책임 있게 협력한다'가 '北 100억 달러 요구'로 둔갑」, 『신동아』, 2015년 3월호, 105~106쪽.
11 송홍근, 앞의 기사, 106쪽.
12 이명박, 『대통령의 시간: 2008~2013』(알에이치코리아, 2015), 335쪽.
13 김영희, 「품격 잃은 전직 대통령의 회고록」, 『중앙일보』, 2015년 2월 6일.
14 송홍근, 앞의 기사, 101쪽.
15 이 내용은 존 에버라드, 이재만 옮김, 『영국 외교관, 평양에서 보낸 900일』(책과함께, 2014), 29~30쪽, 33쪽, 50~51쪽, 74쪽, 78쪽, 91쪽, 153쪽, 210~211쪽을 참조했다.


## 제6장 김정일 사망

1 최선영, 「북한이 달라졌어요…민심 의식 '고위급 접촉' 결과 브리핑」, 『연합뉴스』, 2015년 8월 16일.
2 하어영, 「'천안함 진실'은 현재진행형」, 『한겨레21』, 2016년 3년 23일.
3 「김정일 "북중 친선 바통 후대에 잘 넘겨야"」, 『연합뉴스』, 2010년 8월 30일.
4 김승재, 「3대 세습 김정은 낙점 백투 혈통 순례 '깜짝 행보'」, 『주간동아』, 2013년 11월 4일.
5 채수환, 「"총알보다 식량" 김정은 北 정책 변화 시사?」, 『머니투데이』, 2010년 10월 25일.
6 이용수, 「김정은, 軍·공안 장악에 온힘 쏟아…134차례 시찰 중 軍·보안기관 41회」, 『조선일보』, 2011년 12월 21일.
7 채인철, 「기술혁명수행의 앞장에 선 3대 혁명 전위들 농업생산에 적극 기여」, 『로동신문』, 2011년 5월 3일.
8 「기술혁명수행의 앞장에 선 3대 혁명 전위들 창조의 능수, 새 기술의 선도자로」, 『로동신문』, 2011년 5월 25일.
9 유신모, 「北 우라늄 농축시설 목격 '헤커 보고서' 공개」, 『경향신문』, 2010년 11월 22일.

**274**

주

10 이용인, 「'북 비핵화' 압박 실패…한 · 미 대북 정책 기로에」, 『한겨레』, 2010년 11월 23일.

11 박병수, 「김정은 체제로 이양하려 긴급히 내부 정비 했을 것」, 『한겨레』, 2011년 12월 19일.

12 정성호, 「中, 北에 '식량 50만 톤 · 원유 20만 톤' 지원」, 『KBS』, 2012년 1월 30일.

13 이 내용은 정기열, 「평양 시내 일요일 모든 차량 운행 중지, 김일성 주석 유훈 하나씩 관철」, 『민족21』, 2010년 8월호를 참조했다.

### 제7장 김정은 체제 공식 출범

1 정성장, 「북한 노동당 제4차 대표자회와 파워 엘리트 변동」, 『정세와정책』, 통권 193호(2012년 5월), 2쪽.

2 「조선민주주의인민공화국 최고인민회의 제13기 제2차 회의 진행」, 『로동신문』, 2014년 9월 26일.

3 김규원 · 박민희, 「중국, 주중 북 대사 수차례 초치 핵실험 만류」, 『한겨레』, 2013년 2월 3일.

4 「제3차 지하 핵실험 성공적으로 진행」, 『조선중앙통신』, 2013년 2월 12일.

5 「제3차 지하 핵실험 성공적으로 진행」, 『조선중앙통신』, 2013년 2월 12일.

6 「제3차 지하 핵실험 성공적으로 진행」, 『조선중앙통신』, 2013년 2월 12일.

7 「제3차 지하 핵실험 성공적으로 진행」, 『조선중앙통신』, 2013년 2월 12일.

8 최송민, 「북한, 개성공단 중단한 진짜 이유 따로 있었다」, 『데일리NK』, 2013년 4월 23일.

9 이지선, 「경제 · 핵무력 건설 병행…북한 새 전략 노선 채택」, 『경향신문』, 2013년 3월 31일.

10 이지선, 앞의 기사.

11 노재현, 「北 관리 "내각이 경제사령탑 기능 똑똑히 수행할 것"」, 『연합뉴스』, 2013년 12월 27일.

12 최현준, 「북한, 장성택 처형…사형 선고 뒤 즉시 집행」, 『한겨레』, 2013년 12월 13일.

13 최현준, 앞의 기사.

14 최현준, 앞의 기사.

15 유신모, 「장성택 제거, 1년 이상 치밀하게 진행됐다」, 『경향신문』, 2013년 12월 13일.

16 Daniel N. Nelson, 「Charisma, Control, and Coercion: The Dilemma of Communist Leadership」, 『Comparative Politics』 17-1, 1984, p.4.

17 이 내용은 「최재영 목사의 남북사회통합운동 방북기」, 『통일뉴스』, 2014년 11월 17일~2016년 9월 12일에 실려 있다.

### 제8장 김정은 우상화

1 황해창, 「남북 실무 접촉 1차 시기 실패」, 『헤럴드경제』, 2014년 7월 18일.

2 조한범, 「8 · 25 남북 합의 평가와 향후 전망」, 『통일연구원 Online Series』, 2015년 8월 28일, 1쪽.

3 박대로, 「中, '남북한 현상황 우려…건설적 억할 하겠다」, 『뉴시스』, 2015년 8월 21일.

4 박영환, 「8년 만의 남북 당국회담 '금강산'을 못 넘었다」, 『경향신문』, 2015년 12월 13일.

5 이 내용은 사카구치 나오토, 「평양의 여름: 일본 의원 방북기」, 2014년 7월 21일(http://blog.daum.net/_blog/Blog TypeView.do · blogid=0QAL6&articleno=207&categoryId=4&regdt=20140723100246); 한성원, 「일본 안토니오 이노키 평양 도착…의원 6명 4박 5일 방북」, 『MBN』, 2014년 7월 11일; 「北 강석주, '미사일, 한미 대항 수단'…납치 해결에 노력」, 『Kyodo News』, 2014년 7월 14일 등을 참조했다.

### 제9장 김정은 시대 선포

1 「자강력은 사회주의 강성국가 건설의 위력한 무기」, 『로동신문』, 2016년 1월 27일.
2 「김정은 제1비서 7차 당대회 중앙위원회 사업총화보고」, 『오마이뉴스』, 2016년 5월 8일.
3 이용수, 「공포통치 김정은, 유독 과학자엔 관대⋯ '평해튼'까지 조성」, 『조선일보』, 2016년 8월 26일.
4 이영재, 「北 무수단 표적은 괌⋯김정은 '태평양 미국놈 공격 능력 확보'」, 『연합뉴스』, 2016년 6월 23일.
5 이제훈, 「70%가 北 노동자 몫인데⋯개성공단 돈으로 핵개발은 억측」, 『한겨레』, 2016년 2월 11일.
6 홍우택, 「북한의 노림수와 사드(THAAD)」, 『통일연구원 Online Series』, 2016년 7월 15일.
7 이용수, 「英 MI6 주연 · 美 조연 · 英 공군 협찬 '태영호 망명 작전'」, 『조선일보』, 2016년 8월 22일.
8 문관현, 「'아들 때문에'⋯北 태영호 · 장승길 '닮은꼴' 망명」, 『연합뉴스』, 2016년 8월 24일.
9 이 내용은 연옥, 「100살 장수자의 하루 일과」, 『금수강산』, 2016년 9월호를 참조했다.

## 2000년

| 3월 | 9~11일 | 남북정상회담 특사 1차 접촉(박지원–송호경, 싱가포르) |
| 3월 | 17일 | 남북정상회담 특사 2차 접촉(박지원–송호경, 상하이) |
| 3월 | 23일 | 남북정상회담 특사 3차 접촉(박지원–송호경, 베이징) |
| 4월 | 8일 | 남북정상회담 특사 4차 접촉(박지원–송호경, 베이징. 남북정상회담 합의) |
| 5월 | 29~31일 | 김정일 1차 중국 방문 |
| 6월 | 13~15일 | 남북정상회담(6·15 남북공동선언 발표) |
| 7월 | 29~31일 | 제1차 남북장관급회담(2007년 5월까지 21차례 회담 진행) |
| 8월 | 15~18일 | 이산가족 교환 방문 |
| 9월 | 2일 | 비전향 장기수 63명 북송 |
| 10월 | 9~12일 | 국방위원회 제1부위원장 조명록 방미(빌 클린턴 대통령 면담. 북미공동코뮤니케 발표) |
| 10월 | 23~25일 | 미국 국무장관 매들린 올브라이트 방북(김정일 면담) |

## 2001년

| 1월 | 15~20일 | 김정일 2차 중국 방문 |
| 3월 | 15일 | 남북 분단 사상 이산가족 첫 서신 교환(남북 각 300통) |

| 5월 | 1일 | 김정남, 일본 나리타공항에서 강제 출국 |
| 7월 | 26일~ | 김정일 러시아 방문 |
| 8월 | 18일 | |
| 9월 | 3~5일 | 중국 국가주석 장쩌민 방북 |

## 2002년

| 6월 | 29일 | 서해교전 발생(제2연평해전) |
| 7월 | 1일 | 7·1 경제관리개선조치 시행(공장·기업소 자율성 확대, 임금·물가 인상) |
| 8월 20~24일 | | 김정일 러시아 극동지역 방문 |
| 9월 | 1일 | 인민학교는 소학교, 고등중학교는 중학교로 개칭 |
| 9월 | 17일 | 북일정상회담(평양선언 발표) |
| 9월 | 24일 | 남북 첫 군사 직통전화 개통 |
| 9월 | 29일~ | 제14회 부산아시안게임 북한 선수단·응원단 참가 |
| 10월 14일 | | |
| 10월 | 3~5일 | 미국 국무부 동아시아태평양 담당 차관보 제임스 켈리 방북 |
| 10월 | 17일 | 미국, 북한 핵무기 개발계획 시인 발표(제2차 북핵 위기 발발) |
| 12월 | 12일 | 북한, 동결 핵시설 재가동 선언 |

## 2003년

| 4월 23~25일 | 북·미·중 3자회담(북핵 문제 논의) |
| 6월 | 14일 | 군사분계선 경의선·동해선 연결식 |
| 6월 | 30일 | 개성공단 착공식 |
| 8월 | 3일 | 제11기 최고인민회의 대의원 선거 |
| 8월 27~29일 | 제1차 6자회담(2007년 9월까지 6차례 회담 진행) |

연표

## 2004년

4월 19~21일    김정일 3차 중국 방문
4월      22일    평안북도 룡천역 폭발사고 발생
5월      22일    제2차 북일정상회담
7월 27~28일    베트남 내 탈북자 468명 남한 입국

## 2005년

2월      10일    외무성, 핵무기 보유 선언
2월 19~22일    왕자루이 중국공산당 대외연락부장 방북
5월      11일    외무성 대변인, 영변 5메가와트 원자로에서 폐연료봉 8,000개 인출 발표
8월      31일    금강산 이산가족면회소 착공
9월      19일    9·19 남북공동성명 발표
9월      20일    미국, 방코델타아시아 돈세탁 우려 은행 지정(북한 자금 동결)
10월 28~30일    중국 국가주석 후진타오 방북

## 2006년

1월 10~18일    김정일 4차 중국 방문
3월      15일    경의선·동해선 남북출입사무소 준공
7월      5일    장거리 로켓 시험 발사
7월      19일    이산가족상봉 중단, 금강산면회소 건설 중단
10월      9일    제1차 핵실험
10월 18~19일    중국 외교담당 국무위원 탕자쉬안 방북

## 2007년

2월      13일    2·13 합의(9·19 남북공동성명 이행 방안 합의)

| 4월 | 26일 | 북한–미얀마 재수교(1983년 단교) |
|---|---|---|
| 5월 | 17일 | 남북 경의선·동해선 열차 시험 운행(1950년 중단) |
| 8월 | 8일 | 최초 남북합작 드라마 〈사육신〉 방영(KBS) |
| 10월 | 2~4일 | 남북정상회담('남북관계 발전과 평화번영을 위한 선언' 발표) |
| 10월 | 3일 | 10·3 합의(9·19 남북공동성명 이행 방안 합의) |
| 11월 | 14~16일 | 남북총리회담 |
| 11월 | 29일~ | 조선노동당 통일전선부장 김양건 서울 방문 |
| 12월 | 1일 | |

## 2008년

| 3월 | 17일 | 금강산 승용차 관광 개시 |
|---|---|---|
| 6월 | 26일 | 핵 신고서 6자회담 의장국(중국)에 제출 |
| 6월 | 27일 | 영변 5메가와트 원자로 냉각탑 폭파 |
| 7월 | 11일 | 금강산 관광객 피격 사망 |
| 8월 | | 김정일 뇌졸중 와병 |
| 10월 | 11일 | 미국, 북한 테러지원국 해제 |
| 12월 | 1일 | 군사분계선 육로 통행 엄격 제한·차단 조치 시행 |

## 2009년

| 1월 | 8일 | 김정은 후계자로 결정(주요 간부들에게 통보) |
|---|---|---|
| 3월 | 8일 | 제12기 최고인민회의 대의원 선거 |
| 4월 | 9일 | 제12기 최고인민회의 제1차 회의(개헌, 국방위원장 권한·위상 강화) |
| 3월 | 17일 | 미국 여기자 2명 억류 |
| 3월 | 30일 | 개성공단 현대아산 직원 1명 억류 |
| 4월 | 5일 | 장거리 로켓 시험 발사 |
| 5월 | 25일 | 제2차 핵실험 |
| 8월 | 4~5일 | 빌 클린턴 전 미국 대통령 방북(억류 여기자 석방) |
| 8월 | 13일 | 현대아산 직원 석방 |

8월 21~23일　김대중 조문특사단 서울 방문(단장-조선노동당 대남 선전 비서 김기남)

10월　4~6일　중국 총리 원자바오 방북

11월　10일　서해교전(대청해전)

11월　30일　화폐개혁

## 2010년

3월　26일　천안함 침몰

5월　3~7일　김정일 5차 중국 방문

8월 25~27일　지미 카터 전 미국 대통령 방북(미국인 아이잘론 말리 곰즈 석방)

8월 26~30일　김정일 6차 중국 방문(김일성 항일유적지 순례)

9월　28일　조선노동당 제3차 당대표자회(김정은 당중앙군사위원회 부위원장 임명으로
후계 공식화)

11월　23일　연평도 포격

## 2011년

5월 20~26일　김정일 7차 중국 방문

8월 20~25일　김정일 러시아 방문

8월 25~27일　김정일 8차 중국 방문

11월　12일　우라늄 농축시설 미국 전문가 그룹에 공개

12월　17일　김정일 사망

12월　28일　김정일 영결식

12월　30일　김정은 군 최고사령관 추대

## 2012년

2월　29일　북미 2·29 합의(핵미사일 실험 유예, 24만 톤 영양 지원 합의)

4월 11~12일　조선노동당 제4차 당대표자회(김정은 당 제1비서·국방위원회 제1위원장 추대)

| 4월 | 13일 | 장거리 로켓 시험 발사 |
|---|---|---|
| 6월 | 28일 | '우리식 새로운 경제관리체계'(6 · 28 방침) 발표 |
| 7월 | 15일 | 조선노동당 정치국 상무위원 리영호 해임(정치국 회의) |
| 7월 | 17일 | 김정은 원수 칭호 수여 |
| 9월 | 25일 | '12년 의무교육제' 발표(2014년 4월 1일 시행) |
| 12월 | 12일 | 장거리 로켓 시험 발사(소형위성 궤도 진입 성공) |

## 2013년

| 2월 | 12일 | 제3차 핵실험 |
|---|---|---|
| 3월 | 31일 | 조선노동당 중앙위원회 전원회의(핵 · 경제 무력 병진 노선 채택) |
| 4월 | 1일 | 온건파 박봉주 총리 임명 |
| 4월 | 2일 | 영변 5메가와트 재가동 선언 |
| 4월 | 3일 | 개성공단 통행 금지(입경만 허용) |
| 4월 | 8일 | 조선노동당 대남 선전 비서 김양건, 개성공단 가동 잠정 중단 발표 |
| 4월 | 25일 | 개성공단 가동 중단(남한, 잔류 인원 철수) |
| 9월 | 16일 | 개성공단 재가동 |
| 12월 | 8일 | 국방위원회 부위원장 장성택 해임(당 정치국 확대회의) |
| 12월 | 12일 | 장성택 처형 |

## 2014년

| 2월 | 12~14일 | 남북고위급회담(이산가족상봉 합의) |
|---|---|---|
| 2월 | 20~25일 | 이산가족상봉 |
| 3월 | 9일 | 제13기 최고인민회의 대의원 선거 |
| 5월 | 29일 | 북한–일본, 납치자 문제 재조사 합의 |
| 9월 | 19일~ 10월 4일 | 인천아시안게임(북한 선수단 150명 참가, 응원단 불참) |
| 10월 | 4일 | 황병서, 최룡해, 김양건 인천 방문(남북고위급회담 합의, 이후 대북 전단 살포 문제로 남북고위급회담 무산) |

## 2015년

| 5월 | 8일 | 잠수함발사탄도미사일 시험 발사(4차례 시험 발사 후 2016년 8월 24일 시험 발사 성공) |
|---|---|---|
| 5월 | 20일 | 유엔 사무총장 반기문 방북 승인 취소 |
| 8월 | 4일 | 비무장지대 목함지뢰 폭발 |
| 8월 | 22~25일 | 남북 4인고위급회담(대북방송 중단, 이산가족상봉 재개 등 합의) |
| 12월 | 11~12일 | 남북차관급회담(결렬) |
| 12월 | 29일 | 조선노동당 대남 비서 김양건 사망(교통사고) |

## 2016년

| 1월 | 6일 | 제4차 핵실험 |
|---|---|---|
| 2월 | 7일 | 장거리 미사일 시험 발사 |
| 2월 | 10일 | 개성공단 전면 중단 |
| 4월 | 7일 | 중국의 북한 식당 직원 13명 집단 탈북 |
| 4월 | 15일 | 중거리 미사일 무수단 시험 발사(5차례 발사 후 2016년 6월 22일 시험 발사 성공) |
| 5월 | 6~9일 | 조선노동당 제7차 당대회(제6차 당대회는 1980년, 김정은 당위원장 취임) |
| 7월 |  | 영국 주재 북한 대사관 공사 태영호 망명 |
| 9월 | 9일 | 제5차 핵실험 |

# 찾아보기

**북한 현대사 산책 5**

ⓒ 안문석, 2016

초판 1쇄  2016년 12월 26일 찍음
초판 1쇄  2016년 12월 30일 펴냄

지은이 | 안문석
펴낸이 | 강준우
기획·편집 | 박상문, 박효주, 김예진, 김환표
디자인 | 최진영, 최원영
마케팅 | 이태준, 박상철
인쇄·제본 | 대정인쇄공사

펴낸곳 | 인물과사상사
출판등록 | 제17-204호 1998년 3월 11일

주소 | (121-839) 서울시 마포구 서교동 392-4 삼양E&R빌딩 2층
전화 | 02-325-6364
팩스 | 02-474-1413
www.inmul.co.kr | insa@inmul.co.kr

ISBN  978-89-5906-427-4  04900
        978-89-5906-422-9 (세트)

값 15,000원

이 도서의 국립중앙도서관 출판시도서목록(CIP)은 서지정보유통지원시스템 홈페이지(http://seoji.nl.go.kr)와
국가자료공동목록시스템(http://www.nl.go.kr/kolisnet)에서 이용하실 수 있습니다.
(CIP제어번호 : CIP2016031737)